JN068765

英語ことわざ使用の実態

奥田隆一 著

関西大学出版部

【本書は関西大学研究成果出版補助金規程による刊行】

ま　え　が　き

　私と同世代の人々はことわざをよく使っていたが、最近の若者はあまりことわざを使わなくなってきているようである。同じようなことが英語のことわざにも言える。ところが、日本人はことわざ好きなのか、日本のことわざに関する本がたくさん出版されている。英語のことわざに関する本に関しても同様のことが言え、日本ではたくさんの英語のことわざの本が出版されている。しかし、ほとんどのことわざの本には各ことわざの由来と意味が中心に解説されていて、そのことわざがどのように使われるのか、また今でも実際に使われているのかどうかということに関してはほとんど取り扱われていないのが現状である。

　そこで、本書では、表現形式に注目しながら、現代英語において実際に使用されている具体例を検討して行き、英語のことわざの使用の現状とその特徴を探って行こうと思う。拙著『英語教育に生かす英語語法学』p.33-38において、英語のことわざの使われ方について論じたが、この本ではそれをベースに、現在使用されている英語のことわざの実態を解明してみたい。

　英語のことわざを観察してみると、ことわざの変異形がたくさん存在するという英語独特の特徴があったりする。また、この変異形どうしの間で頻度の違いや英米での差があったりする。本書ではこのことにも注目して、英語のことわざが、主に新聞記事や会話などでどのように使われるのかを具体例を見ながら検討して行く。その結果として、英語のことわざの使用に共通する表現の特徴が解明できればと考えている。

　なお、本書の出版に際し、今回もまたお世話になった西川盛雄熊本大学名誉教授には、改めてここに感謝の念を記しておくことにする。

奥田隆一

目　　次

1．使用の実態をどのようにして探るのか

イギリスの大衆紙 *The Mirror* に次のような記事が載せられていた。

WE all know ***there's no point crying over spilt milk***, ***every dog has its day*** and ***a cat may look at a king***. But why? These sayings seem to have been with us forever, but where do they come from?
── *The Mirror* (London, England), September 20, 2011
（There's no point crying over spilt milk. や Every dog has its day. や A cat may look at a king. ということわざはみんなが知っている。しかし、なぜなんだろうか？これらのことわざは永遠に私たちと一緒にいたように思えますが、いったいどこから来ているのでしょうか？）

　この記事を見ると、There's no point crying over spilt milk. や Every dog has its day. や A cat may look at a king. ということわざがイギリスでは日常的に使われていることがわかる。しかし、この記事に書かれているようなことわざの起源を歴史的な観点から見るのが本書の目的ではない。本書の目的は、ことわざの実態である。それでは、どのようにすれば、英語母語話者が現在よく使うということわざを知ることができるだろうか。それを検討して行きたい。
　英語のことわざの使用実態を調べるためには、実例を見て行くのが一番確実であるのは言うまでもない。しかし、その実例を探し、現代英語でどのことわざが英語を母語とする人々の中でよく使われているのかということなどを探ろうとすると、そう簡単にはいかないのである。そこで、この章では、英語のことわざの実態を探るためにどのような手段があるのかを解説しながら、本書の実態の探り方の方針を述べようと思う。

1．ことわざを表す語や表現を手掛かりにする

　英語ではことわざのことを proverb とか saying とか maxim と呼ばれるのはよく知られているが、saw というのもことわざのことを指し、使われることがある。ことわざが示される時には、… tells us (that) 〜 や　As … goes 〜 という表現がよく使われる。例をあげておこう。

(1) **The old proverb tells us that** there is no smoke without fire and so, logically, there is no smoke without heat either.
　── *Daily Post* (Liverpool, England), June 28, 2004
　（昔のことわざに「火の無いところに煙は立たない」とありますので、論理的には、熱のないところにも煙は立たないということになります）

(2) **The old saying tells us** it's better to be lucky than good.
　── *Daily Herald* (Arlington Heights, IL), February 26, 2012
　（古くからのことわざによると、良いことよりも運が良いことの方が素晴らしいとされています）

(3) **The old maxim tells us** "seeing is believing."
　── *Evansville Courier & Press* (2007-Current), December 9, 2012
　（古い格言によると「見ることは信じることである」と言われています）

(4) This may equate appetites with salvation, but **the old saw tells us** that taste is not to be disputed. ── *The Christian Science Monitor*, June 20, 2003
　（これは食欲と救いを同一視しているのかもしれませんが、味は争うべきものではないことを古いことわざは教えてくれます）

(5) Time flies **as the saying goes** when you're enjoying yourself.
　── *The Chronicle* (Toowoomba, Australia), January 1, 2020
　（ことわざで言うように、楽しいことをしていると時間はあっという間に過ぎていきます）

(6) **As the maxim goes,** when one door shuts, another one opens.

—— *Daily Herald* (Arlington Heights, IL), July 6, 2010
（ことわざにもあるように、一つのドアが閉まると別のドアが開くのです）

　このような表現を頼りにことわざの実例を検討して行くことをするのは気の遠くなる作業になる。そこで、頼れるのが＜英語のことわざ辞典＞や＜英語のことわざに関する本＞などである。しかし、ことわざは無数と言っていいほどたくさんあり、これらの本に載せられていることわざを調べて行くにしても実際にどう使われているのかまで知ることは至難の業である。しかし、代表的なことわざを知ることは可能であって、矢野文雄(1980)『知っておきたい英語の諺』などに、英米人が常識的に知っていて、よく使われることわざのリストがあり、奥津文夫(1988)『英語のことわざ』には「現代英米人の常識となっているような、最もよく知られたことわざ150」、奥津文夫(2000)『日英ことわざの比較文化』には「現代英米人の常識となっているような、最もよく知られたことわざ220」ということわざのリストがあげられていて、これを参考にして調べて行くことが可能である。また、英語の本では *101 American English Proverbs* などのリストも役に立つ。

2．コーパスを探るのはどうか

　英米人が常識的に知っていて、よく使われることわざのリストが得られたので、そのことわざの使用の実態を知るのに最初に思いつくのが英語のコーパスを用いることである。英語のコーパスを使い、ことわざを検索するのである。代表的でよく使われているコーパスが、Corpus of Contemporary American English（COCA）と British National Corpus（BNC）である。

　しかし、コーパスは単語と単語のコロケーションを調べるのには非常に威力を発揮するが、ことわざの用法を見ようとする場合には利用価値が半減してしまうのである。例えば、First come first served. ということわざの用法を調べようとしても、あまり役に立たない。試しに、小学館が提供している BNC

Online で、このことわざを検索して見よう。コーパスは原則的にキーワード
を検索するものであるので、ことわざそのものを入力して検索するのには向い
ていないのである。serve を検索語として検索すると、6246件ヒットした。そ
の中から、左側に first が来ている例を見るために「中心語を含む左ソート」
というものを設定し、serve の左側の語をアルファベット順に並べ替えて、
first served という連鎖を見つけ出すのである。その結果を見てみると以下の
ようになる。

総件数：**6246件**（56.18／1M語） 採用：**3000件** 表記形 サブコーパス指定：篇		
1176	at if (but only if) Lautro did not afford to a person or firm **served**	with an intervention notice in_accordance_with rule 7.3(12) the
1177	n seek bans , the police operate on a &bquo; first come , first **served**	&equo; basis .
1178	rgraduate courses : admission is on a &bquo; first come , first **served**	&equo; principle .
1179	eased , and cycles were carried on a &bquo; first come , first **served**	&equo; basis , you would find many customers willing to accept
1180	issued at level three information desk on a first come , first **served**	basis .
1181	She said grants would be available on a first come , first **served**	basis .
1182	First come , first **served**	.
1183	equired £2m , so it could be a case of first come , first **served**	, with Barton the favourite to go .
1184	The tickets will be given on a first come , first **served**	basis .
1185	, one member , selected by the Speaker on a first come , first **served**	basis , has ten minutes in which to outline his proposal for le
1186	our customer is running out_of funds and first in will be first **served**	and maybe even the only one served .
1187	quiring barristers to accept cases on a &bquo; first come first **served**	&equo; basis .
1188	Tickets are supplied on a first come first **served**	basis and audience capacity is limited , so do n't delay &mdash
1189	It 's simply a question of first come first **served**	, so if you 're coming by yourself I should stake your claim no
1190	Places are allocated on a strictly first come first **served**	basis , and are limited to a maximum of 16 places , some of whi
1191	all dour and somewhat lugubrious ex-CPR policeman who had first **served**	as a &bquo; bobbie &equo; in his home town of Aberdeen , Scotla
1192	The dictionary flag **served**	to distinguish between OED and Supplement and between New OED a
1193	e garage , a modern construction complete with first-floor flat **served**	by an external staircase and styled to resemble the cottage its
1194	From 1862 to 1864 Fleming **served**	on the council of the Royal Horticultural Society , and was a m
1195	The carpeting of the floors **served**	to enhance the illusion ; they could not even hear their own fo
1196	nclusion when I reached the sign telling me that the Florabelle **served**	the thickest steak in five counties .
1197	Food **served**	at the Beach Terrace Bar and Restaurant is excellent and made a
1198	Bar food **served**	all day .
1199	ong wooden tables and eat healthy , MSG-free oriental fast food **served**	by bright young people dressed in white .
1200	Wit , wine , good food **served**	a_la_carte

── *Shogakukan Corpus Network* の検索画面より

　ここで問題なのは、例文の数の少なさである。いくらコーパスといえども、
その中で見つかることわざの数はそんなに多くはない。上のように13例だけで
ある。そして、第7章の「文法現象とことわざ」で取り上げる、最近使われる
ようになって来た First come first serve. という例は全く見当たらない。とこ

ろが、First come first serve という表現は、以下のように使われ始めている。

(7) This offer is subject to availability, and while stocks last. There are a maximum of 25,000 annuals available for this promotion. Annuals will be allocated on a ***first come, first serve*** basis.
—— *Sunday Mirror* (London, England), November 26, 2017
（この特典は在庫がなくなり次第終了となります。このプロモーションでは、最大25,000冊の年報を提供します。年報は先着順に差し上げます）

コーパスを使ってみてわかるのは、ことわざ研究に対してのコーパスの無力さに他ならない。普通の使われているサイズのコーパスではことわざの頻度が低すぎてヒット数が少なく、その特徴を捉えきれないのである。

３．既存のコーパス以外に利用できるものは

それでは、どのようなところから用例を探し、英語のことわざの使用の現状を見ていけばいいのであろうか。ここで、留意したいことは、今の英語で使われている頻度、そのバリエーション、使われる状況などがわかることである。

まず考えられるのは、以前から使われて来た小説などでのことわざが使われた例である。以前は、用例カードを作成し整理したのだが、今では ebook などで簡単に検索できるようになった。この本で使われる用例も小説からのものを使う予定だが、上のコーパスについて述べたことと同じように、１冊あたりでのことわざ使用の実例が非常に少ないので、これにも問題がある。しかし、ベストセラー小説335作品の電子データを蓄え、独自の人気小説コーパスを作成したので、これを利用すれば、何とか用例を探すことができるようになった。小説で使われた用例は前後関係から使われる状況がわかり、用法研究にはベストなのだが、335作品では量が少なすぎることは明白である。

もう一つ利用できるのは私が収集して独自にまとめたテレビドラマ・コーパスである。テレビドラマの CC（closed caption）のデータをまとめたもので、

データには各ドラマの開始時刻からどのくらい後にそのセリフが言われている
かの時刻が記されているので、映像を確認しながら、そのことわざが使われて
いる状況がわかるのである。ドラマの映像なので、音声情報も得ることができ
るので便利である。このドラマのデータも、番組11,076本分あるのだが、こと
わざの使用頻度は少ないので、多用されることわざは簡単にわかるのだが、頻
度の差を調べようとするとうまくいかないのである。しかし、ドラマなので、
口語のデータが中心であり、大抵がインフォーマルな状況で使われる会話なの
で、インフォーマルな口語でことわざがどう使われているかを知るには非常に
役立つ。

　この本で中心的に扱ったのは、新聞のデータベースである。アメリカの33紙、
イギリス28紙、オーストラリア15紙、カナダ1紙、その他4紙の記事をデータ
ベース化したもので、この全紙の記事を一度に検索できるものである。これは、
ことわざの使用頻度を知る上で非常に役に立つものである。例えば、上で見た、
First come first served. を検索すると、9,850例の使用例を見つけることがで
きる。また、上で述べた First come first serve. という形も検索すると1,487例
見つかるので、この形の使用も増えていることがわかる。アメリカ英語の例、
イギリス英語の例、カナダ英語の例をあげておく。

(8) Willamalane Park and Recreation District hosts The Great Costume
　　 Swap from 10 a.m. to 11:30 a.m. today at Willamalane Center, 250 S.
　　 32nd St., Springfield. Bring your swap token for entrance to the
　　 costume swap. Costumes are subject to availability and are ***first-come,
　　 first-serve***; willamalane.org.
　　 ── *The Register Guard* (Eugene, OR), October 11, 2014
　　 (ウィラマレーンパーク＆レクリエーション地区では、スプリングフィー
　　 ルド250番地 南32番通りにあるウィラマレーンセンターで本日午前10時
　　 から午前11時30分までグレート・コスチューム・スワップを開催します。
　　 コスチューム交換のための入場には、スワップトークンを持参してくだ

6

さい。コスチュームは在庫がなくなるまでで、先着順です。詳しくは
willamalane.org で）

(9) Attendance at 2 or more games: Thursday 31 March from 8.15am. One ticket per qualifying supporter up to a maximum of FOUR tickets per transaction. *First come, first served.*
── *Liverpool Echo* (Liverpool, England), March 25, 2016
（2試合以上の試合に参加する場合は、3月31日（木）午前8時15分から販売いたします。対象となるサポーター1名様につき1枚、1回の購入につき最大4枚までとさせていただきます。先着順です）

(10) The University of Manitoba's Centre on Aging will hold their next Speaker Series on Thursday, Feb. 28, 2:30 pm at the Fort Garry Library, 1360 Pembina Hwy. Jamie Penner will present Family caregiving: Health matters. The presentation is free to attend; seating is *first come, first serve*. ── *Winnipeg Free Press*, February 15, 2019
（マニトバ大学のエイジングセンターは、2月28日（木）の午後2時30分にペンビーナハイウェイ1360番地にあるフォートガリー図書館で次のスピーカーシリーズを開催します。ジェイミー・ペナーが、家族介護（健康問題）について語ります。この会の参加費は無料で、席は先着順です）

　以上のように、新聞記事のデータベースを用いると、ことわざの頻度をかなりはっきり知ることができる。そして、新しく使われ出した形も探ることができるのである。以上のことが理由で、この本では新聞記事のデータベースを利用して、英語のことわざの使用実態を解明して行くことにした。
　さらに、ことわざ使用の移り変わりを調べる時に有用なのが Google Ngram Viewer である。Google Ngram Viewer は、Google Books の中のデータを検索して、各年代の頻度を比べてグラフで表示してくれるサイトである。元々は、あるキーワードを検索することにより、文化的傾向を正確かつ迅速に知ること

ができるものとして開発された。例として示されているのは、各時代で、Albert Einstein, Sherlock Holmes, Frankenstein という名前の頻度がどのように変わって行ったのかである。

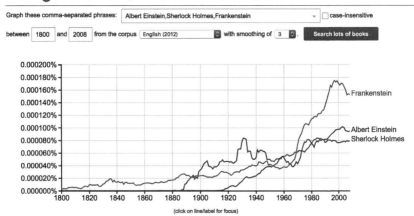

── https://books.google.com/ngrams

　このグラフにより、どの年代からその名前が使われ出し、どのくらい人の関心を引いているのかが、このグラフを見ればわかるのである。つまり、これを使うと文化論的な研究ができるのである。

　この Google Ngram Viewer は、単語だけでなく、5 語までの文字連鎖を調べることができるように設計されている。つまり語句の使用傾向も年代を追ってみることもできるのである。そこで、本書では 5 語以内のことわざにも有効であることに目をつけ、短いことわざに関しては Google Ngram Viewer を用いることにより、ことわざの流行りすたりを見ることにした。試しに、先ほど見た First come first served. と First come first serve. という両方の表現を入力してみると、以下のようになった。これによると、First come first served. という表現は1950年以前から多く使われていて、今も使用が増加しているが、First come first serve. という表現は1950年から使われ出して、だんだんとそ

の使用が増してきていることがわかる。

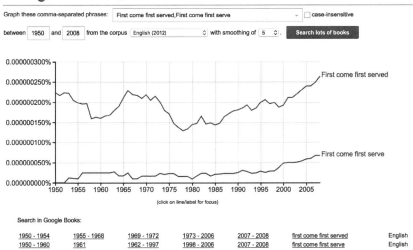

また、Google Ngram Viewer では検索する本をアメリカとイギリスの国別
で見ることができるので、これを利用して英米でのことわざの使用頻度の差を
見るこもできるのである。

　以上のように、本書では英語のことわざ使用の実態を調べるために、主に新
聞記事のデータベースを用いることによって、現代英語におけるそれぞれのこ
とわざの使用頻度を調べ、人気小説コーパスやテレビドラマ・コーパスで口語
での使用の実態と使用状況を調べ、Google Ngram Viewer を用いてことわざ
使用の時代変遷と英米差を確かめて行きたい。

＊　本書の次章以下では、ことわざを表示する時、その直後に（　）と［　］の
中に数字を示すことにする。（　）にはテレビドラマ・コーパスでの頻度を、
［　］には新聞記事のデータベースでの頻度を表すことにする。例えば、

First come first served. (4) [9850]

First come first serve. (7) [1487]

は、First come first served. という表現が、テレビドラマ・コーパスでは4回、新聞記事では9,850回使われ、First come first serve. という変異形の表現が、テレビドラマ・コーパスでは7回、新聞記事では1,487回使われたということを表している。

　ここで重要なことは、この回数がゼロであったからといって、このことわざが使われないことを意味していないということである。この回数がゼロのことわざも現に使われており、小説やノンフィクションで使われた例も本書ではあげている。なぜ、新聞記事のデータベースだけの使用頻度にこだわったかというと、それは、ただ単に現代英語におけることわざの使用頻度を比較したかったからにすぎない。

2. ことわざの原形と変異形

　ことわざには元の形である原形と、それから派生する変異形が存在する。もちろん、原形しか使われず、変異形が存在しないということわざもあるが、大半のことわざには、いくつかの変異形が存在する。それでは、まず、変異形というのはどのようなものかを考えてみることにする。

　武田勝昭氏は『ことわざのレトリック』（pp.197-198）で、次のように述べている。

　　基本形からの隔たりが、あまり大きくなると、変異形ではなく、類諺とみなしたほうがよいばあいがある。たとえば、英語に、「人はその付き合っている仲間によって人物評価がなされる」という意味のことわざがある。このことわざは、多くの変異形が並行して使われ、現在、イギリスで発行され、広く使われている数種のことわざ辞典・慣用句辞典には、見出し項目として、次のようなさまざまな形で登録されている。

(2)　You can judge / tell a man by the company he keeps.［人は付き合っている仲間によって評価しうる］(*Oxford Dictionary of Current Idiomatic English*, Vol. 2. Oxford University Press. 1983)

(3)　A man is known by the company he keeps.［人は付き合っている仲間によって判断される］(既出 *The Concise Oxford Dictionary of Proverbs*.)

(4)　Men are known by the company they keep.［右に同じ］(*English Proverbs Explained*. Heinemann.1967)

(5)　As a man is, so is his company.［人をみれば仲間がわかる］(*The Oxford Dictionary of English Proverbs*. Oxford University Press. 1970)

これらは、(3)が原形、その他が変異形と考えていいと思う。ここで、武田勝昭氏が述べている、変異形と類諺の違いを見てみたい。まず、その違いを考えるために、Emanuel Strauss, *Dictionary of European Proverbs* を見てみよう。そして、この辞書の前書きの中に次のようなことが書かれている。

Some proverb forms will still nevertheless be found in more than one semantic set, as the 'meaning' of a proverb is not always clear-cut and unequivocal, and the line between a variant form and a distinct proverb is often similarly ambiguous. （下線部筆者）
── *Dictionary of European Proverbs*
（ことわざによっては複数の意味のかたまりのリストで見つかります。というのも、ことわざの「意味」というのは必ずしも常に明確であるとは限らず、変異形ときちんとしたことわざとの間の線も、同様にあいまいであることが多いからです）

　つまり、同じような意味のことわざの変異形をきちんと定義するのは難しいということを示唆している。このことわざ辞典には一つのことわざに対して同じ意味を表す多くのことわざのリストがあげられている。例えば、A man is known by the company he keeps. ということわざの項目を見てみると、21のことわざがあげられている。この時点は意味によって分類しているため、使われている語や形式が全く違うものまであげられている。

a).　a man is known by his friends [1]

b).　a man is known by the company he keeps [11]

c).　as a man is so is his company [0]

d).　birds of a feather flock together

e).　every Jack must have his Jill

f).　every like loves his like

g ）．　every sheep to her mate

h ）．　evil communications corrupt good manners

i ）．　he that lives with cripples learns to limp

j ）．　keep good men company and you shall be of the number

k ）．　keep honest company, and honest thou shalt be

l ）．　keep not ill men company lest you increase the number

m ）．　like loves like

n ）．　likeness causes liking

o ）．　like to like, and Nan for Nicholas

p ）．　like will to like

q ）．　sike and sike like

r ）．　similitude is the mother of love

s ）．　tell me with whom thou goest and I'll tell thee what thou doest

t ）．　we judge people by their friends [0]

u ）．　who keeps company with the wolf will learn to howl [0]

── *Dictionary of European Proverbs*, p.343

　このリストを見てもらえばわかるように、意味を中心に分類しているため、
d ）の Birds of a feather flock together. も一緒にあげられている。これを変
異形と考えるのは問題である。本書では、少なくとも形式や語句に共通するも
のがある場合にそのことわざを変異形と考えたい。すなわち、上のリストで下
線を引いた b ）を原形とし、a ）, c ）, t ）, u ）などを変異形と考えたい。
　もう一つ別のことわざ辞典を見てみよう。*A Dictionary of American
Proverbs* である。このことわざ辞典は、原形を示し、その変異形をその後に
示している。

　13. One is known by the company he keeps. [0]

　Vars.: (a) A girl is known by the company she keeps. [0] (b) A person is

13

counted by the company he keeps.[0] (c) We know a man by the company he keeps. [0] (d) You can judge a man by the company he keeps. [12] (e) You can tell a man who boozes by the company he chooses.[2] Rec. dist.: U.S., Can.1st cit.: 1541 Bullinger, Christian State of Matrimony, tr. Coverdale; US 1737 Stephens, Journal of Proceedings in Georgia in Georgia Records (1906, 1908). 20c. coll.: ODEP138, Whiting81, CODP40, Stevenson 386:6, T&W 78.

—— *A Dictionary of American Proverbs*, pp.108-9

　この変異形を見ると、一応、A man is known by the company he keeps. を原形と考えると、どれも原形と形式や語句に共通するものがあると判断できるので、変異形と判断して良いと思われる。

　まとめてみると、原形と変異形は次のようになる。

原形：A man is known by the company he keeps. [11]
変異形：

　（a）A man is known by his friends. [1]

　（b）One is known by the company he keeps. [0]

　（c）A girl is known by the company she keeps. [0]

　（d）A person is counted by the company he keeps. [0]

　（e）We know a man by the company he keeps. [0]

　（f）We judge people by their friends. [0]

　（g）You can judge a man by the company he keeps. [12]

　（h）You can tell a man who boozes by the company he chooses. [2]

　（i）As a man is so is his company. [0]

　（j）Who keeps company with the wolf will learn to howl. [0]

　ここで、注目していただきたいのは、各ことわざの後ろに示した［　］の中

14

の数字である。これは、新聞記事のデータベースを検索して、すべての記事の中にそのことわざが使われた回数である。原形はよく使われると予想していたが、（g）の You can judge a man by the company he keeps. がそれよりも多く使われているのが意外だった。例を見てみよう。

(1) Sheila Coleman, of the Hillsborough Justice Campaign, said: "Steve Morgan is entitled to invite whoever he likes to attend football matches with him, but it is said *you can judge a man by the company he keeps*." — *Liverpool Echo* (Liverpool, England), October 31, 2013
（ヒルズボロー公平運動のシーラ・コールマンは、次のように述べています。「スティーブ・モーガンはサッカーの試合に好きな人を誰でも招待する権利がありますが、人は付き合っている仲間で判断できると言われていますからね」）

(2) *You can judge a man by the company he keeps.* Which is why I'm often mistaken for a deadbeat. Likewise, you can judge a columnist by the contributors he attracts. Again, it's distressing stuff.
— *The Journal* (Newcastle, England), March 26, 2004
（人はその仲間で判断できる。だから私はよくくだらない奴と間違われる。同じように、コラムニストは、彼が引き付ける投稿者で判断できる。繰り返しになるが、それは悩ましいことだ）

このように、このことわざの変異形は原形と取り替えても問題なく使える文脈で使用されている。

さらに、日本ではあまり知られていない（h）You can tell a man who boozes by the company he chooses. が使われていた。これは *The Pig Got Up and Slowly Walked Away* という古い歌の歌詞から来ている。1934年に Frank Crumit、1966年に Johnny Bond、1975年に Jim Croce というアメリカ

の歌手によって歌われたため、アメリカで一般に知られるようになったようだ。

データベースの新聞記事の例は次の2例なのだが、アメリカの新聞ではなく、イギリスの新聞のもので、どちらもこの表現の由来についてのものだった。

(3) **A** I think you mean The Pig Got Up And Slowly Walked Away (*you can tell a man who boozes by the company he chooses*, so the pig got up and slowly walked away). It was written back in 1935 by Benjamin Burt. There are a couple of fine versions by Frank Crumit or Clinton Ford. —— *Daily Record* (Glasgow, Scotland), October 13, 2007

(**答** あなたが言われているのは *The Pig Got Up And Slowly Walked Away* のことだと思います（大酒を飲む人は選ぶ仲間でわかるので、豚は立ち上がってゆっくりと歩き去った）。これは1935年にベンジャミン・バートによって書かれました。フランク・クルミットやクリントン・フォードによる素晴らしいバージョンがいくつかあります）

(4) **QUESTION** What are the full words to the poem about a drunken man that includes the lines '*You can tell a man who boozes by the company he chooses,* and the pig got up and quietly walked away'?

THE PIG Got Up And Slowly Walked Away was written in 1930 by American lyricist and composer Benjamin Hapgood Burt (1880-1950), who wrote the Broadway musicals Florida Girl, A Modern Eve, The Wall Street Girl and Marrying Mary. —— *Daily Mail* (London), June 4, 2003

(**質問** You can tell a man who boozes by the company he chooses, and the pig got up and quietly walked away. という一節が含まれている酔っぱらいの男についての詩の全文を教えてください。

THE PIG Got Up And Slowly Walked Away は、アメリカの作詞家・作曲家ベンジャミン・ハプグッド・バート（1880-1950）が1930年に書いた詩です。彼はブロードウェイミュージカルの *Florida Girl*、*A*

Modern Eve、*The Wall Street Girl*、*Marrying Mary* を書きました)

では、アメリカでは使われないのかというと、そうではなく、以下のように使われている。

(5) There is an old song about the drunk sitting on the curb when a pig comes up and sits down by his side: "***You can tell a man who boozes by the company he chooses*** and the pig got up and slowly walked away." Not this time. Now the same hypocrites who spoke the truth about Trump when they were running against him may whisper to others, but they treasure their seats as senators over the perilous place that the country finds itself in now. That's both frightening and disgusting. —— *Berkshire the Edge*, Tuesday, Feb 4, 2020

(縁石に座っている酔っぱらいのところに豚が出てきてその隣に座ったことについての古い歌があります。「大酒を飲む人は選ぶ仲間でわかる。その豚は立ち上がってゆっくり歩いて去った」と。でも、今回は違うようです。トランプ氏の対抗候補として出馬していた時にトランプ氏についての真実を語った同じ偽善者たちが他の人たちにささやくかもしれませんが、彼らは今、国が置かれている危険な状況よりも、自分たちの上院議員の席の方を大切にしています。これは恐ろしくて忌々しいことです)

もう一つの変異形である(a)の例もあげておこう。

(6) ***A man is known by his friends***, as we all know, but it's equally true that sometimes the cut of a man's jib (whatever that may be) can be most accurately measured by the size, squawk and squeal of his enemies. —— *The Washington Times* (Washington, DC), August 21,

2001

（人は友人によって知られるものであることは誰もが知っていることだ
が、その人の人となりは、それがどのようなものであれ、敵の多さ、敵
が述べる不満、敵があげる悲鳴などによって最も正確に判断されること
があるのも同様の事実である）

　さらに、別のことわざ辞典を見てみよう。*English Proverbs and Proverbial
Phrases: A Historical Dictionary* である。この辞書は原形を示し、その変異形
をその後に用例とともに示している。

17. A man is known by his company.[0] 1620: Shelton, Quixote, Pt. II. ch.
lxviii., You may know the man by the conversation he keeps[0], 1672:
Wycherley, Love in a Wood, I. i., There is a proverb, Mrs. Joyner, "You
may know him by his company.[0]" 1748: Richardson, Clarissa, vi. 362
(1785), Men are known by their companions. [0] 1829: Cobbett, Advice to
Young Men, Lett. 1, "Show me a man's companions," says the proverb,
"and I will tell you what the man is." [0] 1871: Smiles, Character, 65, It is
a common saying that men are known by the company they keep.[0]
—— G. L. Apperson, *English Proverbs and Proverbial Phrases: A
Historical Dictionary*, p.394

　このことわざ辞典の見出しに使われている A man is known by his
company. は変異形と考えていいと思われるが、その後にあげられている変異
形は、少し性質が違うように思われる。よく見ると、これらは文脈による一時
的な変異形ではないだろうか。つまり、慣用的に繰り返し使われる決まった形
ではないように思われるのである。このことについては次の章で詳しく見るこ
とにする。
　まとめると、ことわざには原形と変異形があり、変異形に関しては、色々な

ものがあり、どこまでを変異形とみなすかについては異論があり、本書では少なくともことわざの原形と形式や語句に共通するものがある場合に、それをことわざの変異形と考える。しかし、この変異形の中には文脈やある特定の場面でしか使われない一時的なものもあるので、慣用的に繰り返し使われるものと区別しておかなければならない。

3．変異形のタイプ

　ことわざの原形と変異形について前章で見てきたが、この変異形には色々な
ものがあり、ここで整理しておくことにする。変異形に関しては、ことわざの
原型の一部の語句を別の同じような意味の語句に替えたり、一部の語句を省略
したり、付け足したりする場合と、全体の表す意味を変えないで分の構造を変
えたりする場合がある。さらに、あることわざに基づく表現をある文脈や場面
で使用したりする一時的な変異形が存在するのである。変異形を整理すると、
次の4つのタイプに分類できる。

（ａ）一部の語句が同意語句で替えられた変異形
（ｂ）語句が省略・付加された変異形
（ｃ）文意を変えないで別の文構造が使われた変異形
（ｄ）文脈に応じて使われる一時的な変異形

　以下では、具体例をあげながらこれらのタイプを見て行くことにする。

1．一部の語句が同意の語句で替えられる場合
　よく観察すると、一部の語句が同意の語句で替えられる場合にも種類がある
ことがわかる。

（ⅰ）同意語（句）
（ⅱ）古い英語の用法を新しい英語の用法に変えて使う

1.1．同意語（句）
　ことわざは、伝えようとする内容が命なので、原形と同じような意味であれ

ば語（句）の変更に関しては寛容なようである。ただし、ここでは特に現代の英語の口語の傾向である次のような縮約形は取り上げないことにする。というのも、日常の会話でことわざが使われる時には縮約形が現れるのは普通のことであるからだ。

（ⅰ）While ***there is*** life, there is hope. [2]

　　 While ***there's*** life, there's hope. [266]

（ⅱ）***What is*** sauce for the goose is sauce for the gander. [2]

　　 What's sauce for the goose is sauce for the gander. [266]

（ⅲ）Man ***does not*** live by bread alone. [32]

　　 Man ***doesn't*** live by bread alone. [5]

　それでは、以下で一部分が同意の語句で置き換えられる例を見て行くのだが同意語（句）に置き換えられる場合にもいくつかのタイプがあるので、それをタイプ別に見て行きたい。そのタイプというのは次の4つである。

　タイプA：一般的な同意語との置き換え

　タイプB：普通は同意語ではない語との置き換え

　タイプC：適用範囲を広げるための置き換え

　タイプD：詩的な縮約形の語から普通の語形への置き換え

タイプA：一般的な同意語との置き換え

　このタイプの変異形はそんなに抵抗感なく、一般に広く受け入れられやすいようである。原形と変異形を、例をあげながら考察したい。

a．earned → gained

　この earn を gain という同意語に置き換えることに関しては、抵抗がないのではなかろうか。というのも、この2つの語は同意語として普通に用いられ

22

るからである。

A penny saved is a penny ***earned***. [81]

A penny saved is a penny ***gained***. [3]

このことわざは、貯金するのは同じ額のお金を稼ぐのと同じだという意味で
節約を促す時によく使われる。earn を gain に置き換えても違和感がなく、受
け入れられているようである。原形の例と変異形の例をあげておく。

(1) "We rely on liquid fuels to buy most of our materials and the
equipment that we buy, so that's a definite plus for us," he said. "We
look at it from a small-business perspective - ***a penny saved is a
penny earned***."
—— *Tribune-Review/Pittsburgh Tribune-Review*, January 4, 2012
(" 私たちは、材料や購入する機器のほとんどを液体燃料に頼っていま
す。" 私たちは中小企業の観点から見ています。1 ペニーを節約すると
1 ペニー稼いだことになるのです)

(2) IF you're feeling the pinch of rising fuel prices, it might be time to look
at ways of cutting your motoring expenses. ***A penny saved is a penny
gained***, and shopping around for the best deal doesn't need to take
more than a few clicks of your mouse.
—— *Daily Record* (Glasgow, Scotland), June 18, 2004
(ガソリン価格が上がってピンチだと感じているなら、自動車にかけて
いる費用を削減する方法を考えてみる時かもしれません。お金を節約す
るとお金を稼いだのと同じだと考えられます。一番安いものを求めて買
い物をするにはマウスを数回クリックするだけでいいのです)

b. sorts → kinds

sort も kind も同意語であり、置き換えたところで全く問題はない。

It takes all ***sorts*** to make a world. [18]

It takes all ***kinds*** to make a world. [8]

このことわざは、「あらゆる人がいて世間は成り立つ」という意味で使われるが、sorts と kinds が両方とも使われている。まず、sorts の例だ。

(3) "I asked her why she wouldn't just get a housekeeper, if that was the case, but she said she wanted something more permanent - and would like her wife to feel that she had some sort of commitment. It's a bit odd.- but *it takes all sorts to make a world.*"

── *The Mirror* (London, England), September 10, 1998

(「もしそうだとしたら、なぜ家政婦を雇わないのかと聞いてみたのですが、彼女はもっと永続的なものが欲しいし、妻には何かしらのこだわりを感じてもらいたいと言っていました。それは少し奇妙なことです。でも、あらゆる人がいて世界は成り立つものですからね」)

この記事は、アメリカの金持ちの女性のためにアイルランド人の妻を紹介するという結婚紹介人の話なので、her wife という表現が使われているが、この記事では sorts という語が使われている。ところが、次例のように kinds が使われることも多い。

(4) Virgo Aug 23 - Sept 22

It takes all kinds to make a world and it could be enlightening to discuss views with those around you who share different beliefs or lifestyles. If you don't have enough to occupy yourself these days, make an extra effort to expand your life and make it more interesting.

── *The Mirror* (London, England), April 15, 2014

（乙女座 8 月23日 - 9 月22日　あらゆる人がいて世間は成り立ちますから、自分とは違う信念やライフスタイルを持っている周りの人たちと意見を交わすことで教えられることがあるかもしれません。最近、自分の時間が足りないという人は、生活の幅を広げて、もっと面白くするための努力をしてみましょう）

　この例は星占いの記事で kinds が使われているのだが、星占いだから kinds が使われるというわけではない。次例のように sorts が使われることもある。

(5) GEMINI 22 MAY-21 JUNE Someone will say something over the next few days that annoys you intensely, but with angry Mars so dominant in your chart you would do well not to react. The fact is that they are entitled to their views just as you are entitled to yours and it's a waste of time trying to change them. *It takes all <u>sorts</u> to make a world* - particularly this one. —— *Daily Mail* (London), January 23, 2010
（ふたご座 5 月22日〜 6 月21日　次の数日間に、誰かがあなたを非常に悩ませることを言うでしょうが、天宮図の中で怒れる火星は非常に支配的なため、反応しない方がいいでしょう。実のところ、その人たちにはあなたと同じように自分の考えを表明する権利があるので、それを変えようとするのは時間の無駄です。色々な人がいて世界は成り立つのです。特に今の世界では）

　このことわざの原形では sorts が使われていたようだが、上にあげたように、現代英語では sorts と kinds の新聞記事での頻度差は [18] と [8] になっているが、大きな違いはなさそうであり、共存しているようである。

c．Don't → Never

Don't の代わりに Never を使っても、意味が少し強くなったくらいに感じるだけで、全く違和感はないであろう。

> ***Don't*** count your chickens before <u>they are hatched</u>. [9]
> ***Don't*** count your chickens before <u>they hatch</u>. [19]
> ***Never*** count your chickens before <u>they are hatched</u>. [3]
> ***Never*** count your chickens before <u>they hatch</u>. [6]

このことわざの後半部分の変異形については第 7 章の「文法現象とことわざ」で取り上げるので、ここでは文頭の Don't と Never の変異形を見る。原形は Don't なのだが、否定を表す Never と置き換えることに関しては抵抗がないと思われる。例文をあげておく。

(6) ***DON'T count your chickens before they are hatched.*** Wait until you can be sure what their next move will be. Time is on your side so use it.
—— *Evening Chronicle* (Newcastle, England), June 24, 2010
（孵化する前にニワトリを数えるのはやめましょう。あなたが彼ら次にどう動くかを確認するまで待ちましょう。時間はあなたの味方です。時間を十分使いましょう）

(7) "Hopefully, I get picked but you can ***never count your chickens before they hatch***," he quipped. "If I'm lucky enough to get the No 4 jersey for Wales I've got to go on the pitch and prove I'm good enough. I don't want to be known as a young player any more."
—— *South Wales Echo* (Cardiff, Wales), October 14, 2010
（「選ばれることを期待しているが、孵化する前にニワトリを数えることはできない」と彼は微笑み、次のように話しました。「運良くウェールズ代表の背番号 4 のジャージを手に入れることができたら、ピッチに出

26

て自分が価値のある選手であることを証明しなければなりません。これ
以上、若手選手だとして有名になりたくないのです」）

d．God → Heaven
　Heaven は「天国」という意味だけでなく「神」という意味でも使われるの
で、次のように God が Heaven と置き換えられるのは、自然なことである。

　God helps those who help themselves. [99];
　Heaven helps those who help themselves. [6]

このことわざは「神は自分で運命を切り開く者にのみ救いの手を差しのべる」
の意味なのだが、God も Heaven も共に使われている。まず、God が使われ
ている例だ。

　(8)　As Americans once again drop to their knees to pray and ask why, as
　　　we wipe the tears from our eyes, we need to remember what we
　　　heard from our parents: "***God helps those who help themselves.***" We
　　　need to be part of the change we want.
　　　—— *Pittsburgh Post-Gazette* (Pittsburgh, PA), October 4, 2015
　　　（アメリカ人がもう一度ひざまずいて祈り、涙を拭いながらなぜなのか
　　　を尋ねる時、両親から聞いた言葉を思い出す必要があります。「神は自
　　　ら助くる者を助く」私たちは私たちが望む変化の一部になる必要があり
　　　ます）

この例はアメリカ英語からのものだが、イギリスでも同じように使われる。
例を示しておく。

　(9)　A motto from my youth was recalled by that particular incidence. The

slogan of my home town of Huddersfield which, if I can remember
correctly, is Juvat deus impigros. I think the translation was "God
helps the industrious", but the more cynical translation used by those
of Yorkshire stock was to the effect that ***God helps those who help
themselves***. – *The Journal* (Newcastle, England), August 5, 2003

（その特別な出来事により青春時代の標語を思い出しました。私の記憶
が正しければ、故郷ハダースフィールドのスローガンは Juvat deus
impigros であった。訳すと「神は勤勉な者を助ける」という意味だ。
でも、ヨークシャー出身者が使っていたさらに皮肉な訳は「神は自ら助
くる者を助く」だった）

　このように、**God** helps those who help themselves. は英米どちらでもよく
使われるのだが、このことわざにも変異形があり、God の代わりに Heaven
が使われる。例をあげておく。

(10) The Boy has certainly enjoyed a succession of happy happenstances,
although it is fair to say that these have not come about without some
considerable effort on his part - "***Heaven helps those who help
themselves***." —— *The Journal* (Newcastle, England), April 22, 2004

（少年は確かに幸せな出来事を次々と経験してきましたが、それは彼の
側に相当な努力がなければ実現しなかったと言ってもいいでしょう。
「神は自分で運命を切り開く者にのみ救いの手を差しのべる」からです）

　このことわざの変異形でもう一つ注目したいのが、God の方はアメリカ英
語でもイギリス英語でも使われるが、Heaven の方は、イギリス英語の例しか
見つからなかったことである。言い換えると、アメリカ英語では Heaven
helps those who help themselves. ということわざの変異形はほとんど使われ
ないのである。

e．when ⟷ while

when を while と置き換えてもほとんど同じ意味を表すので、ことわざに関しても受け入れやすいのだと思われる。

When the going gets tough, the tough get going. [252]
While the going gets tough, the tough get going. [1]

このことわざは、「状況が厳しくなると強い者の出番となる」という意味で使われ、when で始まるのが原形で、その代わりに while が使われることがある。これも、類義語のため、どちらも共存しているようだが、when の方が多用されている。

(11)But both the L200 and Shogun models had proved themselves to be tough cookies. They say **when the going gets tough the tough get going**. I can certainly vouch for that.
 —— *Daily Record* (Glasgow, Scotland), August 9, 2002
 （しかし、L200 とショーグンの両モデルは、強靱な車であることを証明していました。困難な状況になると、強い者が困難を乗り越えると言います。確かにそれを保証できます）

この記事の L200 と Shogun というのは車のモデルの名前で、どんな困難にも打ち勝つ強靱な車（tough cookies）であると述べています。ここでは when が使われていますが、次のように while が使われることもあります。

(12)**While the going gets tough, the tough get going.** And this time literally. Jenny McCarthy has decided to say goodbye to centre spreads and move on to doing more useful things.

(https://www.sify.com/movies/topless-in-jan-09-imagegallery-3-movies-jdwmVveifbgsi.html)

（困難な状況になると強い者が活躍する。今回は文字通り、ジェニー・マッカーシーは雑誌の中央見開きページに写真を載せられることに別れを告げ、もっと人の役に立つことをすることにしたのです）

同じような when が while に置き換えられるという現象は以下のことわざにも見られる。例をあげておく。

When in Rome, do as the Romans do. [102]
While in Rome, do as the Romans do. [0]

このことわざは日本語訳では「郷に入っては郷に従え」という訳語で知られていて、一般的には When in Rome … と言う始まりで覚えられている。ところが、以下に見るように、この when を while に置き換えて使われることも見られるのある。両方の例をあげておく。

(13) **_When in Rome, do as the Romans do_**: Eat pizza. It's nothing like what we have here. Toppings include fresh vegetables and cheeses and portions are smaller. In Paris, try French crepes filled with vegetables.
── _Daily Herald_ (Arlington Heights, IL), February 18, 2007
（郷に入れば郷に従えです。ピザを食べてみてください。ここ＜イリノイ＞で食べるピザとは全く違います。新鮮な野菜やチーズがトッピングされていて、量も少なめです。パリでは、野菜たっぷりのフランスのクレープを食べてみてください）

(14) McGarvey sat at the kitchen counter while Gloria opened a bottle of Don Julio Anejo tequila and made them margaritas with a lot of ice in

tall salt-rimmed glasses. "***While in Rome do as the Romans do***," she said, looking at him from across the counter as she raised her glass.

── David Hagberg (2014), *Dance with the Dragon*, p.91

（マクガーヴィーはキッチンカウンターに座っている時に、グロリアはドン・フリオ・アネホのテキーラのボトルを開け、塩で縁取られた背の高いグラスに氷をたくさん入れてマルガリータを作った。「郷に入れば郷に従え」と彼女はグラスを上げると、カウンターの向こう側から彼を見て言った）

このように、When が While という変異形で使われるのはことわざの中ではよくあることである。もう一つ見てみよう。

When the cat is away, the mice will play. [4]

While the cat is away, the mice will play. [1]

このことわざは、日本語の「鬼の居ぬ間の洗濯」ということわざと同じような内容を表しているので、日本人によく知られているが、when で始まる方が原形で while の方が、それから派生した変異形のようだ。

(15) The indomitable duo of Ivy and Bean are back for their fourth adventure. This time, the girls are the very personification of that old saw, "***when the cat is away, the mice will play***."

── *The Florida Times Union*, August 4, 2008

（アイビーとビーンの不屈のコンビが4回目の冒険に戻ってきました。今回は、女の子たちは「猫がいないとネズミは遊び回る」ということわざを擬人化したものです）

(16) The shrewd Democrats know that ***while the cat is away, the mice will play***. The Democrats will have New Jersey all to themselves.

—— *The Record* (Bergen County, NJ), June 19, 2013

(抜け目のない民主党は「猫がいないとネズミは遊び回る」と知っている。民主党はニュージャージーを独り占めするだろう）

両方の形が見られるが、やはり元の形の使用の方が多いようである。さらにもう一つ例を見て行くことにする。次のことわざも when と while の変異があるが、上のものとは少し異なった特徴を持っている。

> ***While*** there is [there's] life there is hope. [26]
> ***When*** there is [there's] life there is hope. [4]

このことわざは「命がある限り、希望が持てる」という意味で使われるのだが、普通と違い、while が使われるのが原形で、変異形として while の代わりに when が使われる。

(17) 'If it is possible for me to help in any way I shall do it because my heart is still there. ***While there is life there is hope.*** I still have a lot of mates at the plant and was in touch yesterday with Adrian Ross of the TGWU,' he said. —— *Birmingham Evening Mail* (England), April 12, 2005

（「私の心はまだそこにあるのだから、私にできることがあれば、それをやります。命がある限り、希望はある。まだ工場には多くの仲間がいて、昨日、TGWU のエイドリアン・ロスと連絡を取ったのです」と彼は言った）

(18) Sue, who will be at the wedding, said: "I told her ***when there is life there is hope***. I told her not to think about death.

—— *The People* (London, England), February 22, 2009

（結婚式に出席する予定のスー氏は「命があれば希望がある。だから死

32

について考えないように彼女には言ったのよ」と言いました）

　以上のように、when と while は普通に交換されて変異形が生まれるのである。ただし、上で見たように原形が when なのか while なのかはことわざによるようだ。

ｆ．learning → knowledge

　　A little learning is a dangerous thing. [26]
　　A little knowledge is a dangerous thing. [59]

　このことわざは「生兵法は大怪我の基」という日本語のことわざと同等の内容を表していて、元々の learning と内容的には同じ意味を表す knowledge と変えられた変異形も使われるようになった。最近は knowledge の使用の方が多くなっているが、どちらも共存しているようである。例をあげておく。

(19)"But Clinton's orgy of analogy only proves, as Alexander Pope wrote nearly three centuries ago, `a little *learning* is a dangerous thing` - and so drink deep, the poet advised, or drink not at all from the spring of wisdom." —— *The Washington Times* (Washington, DC), March 26, 1999
（「しかし、アレクサンダー・ポープがほぼ３世紀前に書いたように、クリントンの度の過ぎた行動は『少しの学習は危険なものである』と証明している。つまり、知恵の泉からその詩人が助言したのは、飲むなら徹底してのみ、飲まないなら全く飲むなということである」）

(20)Seriously, this story does show us what a lousy job our schools are doing to educate people in science and health. *A little knowledge is a dangerous thing*, and it seems this woman, as many others, learned just enough about antioxidants, etc., to make some foolish decisions.

── *The Commercial Appeal* (Memphis, TN), April 7, 2014

（真面目な話、この話は私たちの学校が科学と健康の分野で行っている教育がどれだけお粗末なのかを示しています。少しだけしかない知識はかえって危険です。そして、他の多くの人と同じように、この女性は抗酸化物質などについて愚かな決断をするほどしか学ばなかったようです）

g. nine points → nine-tenth

　nine points と nine-tenth は両方とも、10分の9のことを表していて、置き換えても問題はない。

　　Possession is <u>nine points</u> of the law. [3]
　　Possession is <u>nine-tenths</u> of the law. [173]

　このことわざは、手に入れておけば、法律的に見れば9分通りその人のものであるという意味だ。原形は nine points を使っているが、変異形の nine-tenth の方が最近でははるかに多く使われるようになっている。原形のものと変異形の例をあげておく。

(21) He asked me how much I had, and I told him: "Half a dollar and there are nine pennies in my pocket." He fished the coins out of my side pocket as I lay prostrate still holding the silver half-a-dollar like a limpet! Chas put a tanner (six pence) of his own money to my nine pence and said: "In this country ***possession is nine points of the law***, but even though my kid brother has the main grip on the coin, I'll give you this as a token of good sportsmanship."

── *Manchester Evening News*, September 8, 2012

（彼は私にいくら持っているか尋ねてきたので「ハーフダラーコインと１セント硬貨９枚がポケットの中にあるよ」と答えた。私がまだハーフダラーコイン銀貨を手に持ち、岩に吸着する貝のようにうつ伏せになっていた時に、彼は私のサイドポケットを探りコインを取り出した。チャスは私の９ペンスに自分の６ペンス加えて言った。「この国では占有は九分の強みというね。弟がこのコインの所有者なんだけど、スポーツマンシップの証としてこれをあげるよ」）

(22) Prior is due to return for the fifth match in Trinidad and is likely to elbow his former Sussex team-mate back out of the side. But *possession is nine-tenths of the law* and, if Ambrose turns in a match-winning performance, who would drop him?
── *The Mirror* (London, England), February 24, 2009
（プライヤーはトリニダードでの第５試合で復帰する予定なので、サセックスの元チームメイトであるアンブローズはサイドから外れる可能性が高い。しかし、占有は九分の強みというので、もしアンブローズが試合に勝つようなパフォーマンスを見せたら、誰も彼を追い出せないだろう）

このように、一般的な同意語で置き換えられるのは容易に想像できて、そのような変異形が受け入れやすいのは簡単に想像できる。しかし、次に重要なのは、普通は同意語として扱われない語（句）であっても、その語（句）に置き換えられることである。以下にそれを見てみよう。

タイプＢ：普通は同意語ではない語との置き換え
このタイプのものは、普通の場合、同意語だとは考えられないような語句が使われて変異形が生まれているのである。これは、ことわざの場合「文全体の伝える意味がよく似ていればそれでいい」という寛容さがあるからだと思われる。

a．blame → quarrel

「非難する」と「ケンカする」を日本語では同意語と考えないのと同じように、英語でも、普通の場合、blame と quarrel という語とは同意語だとは考えられないのだが、「道具に腹をたてて非難する」と「道具に腹をたててケンカする」は、内容的に同じ意味を表していると判断する力が働き、変異形が生まれているようだ。

A bad workman always *blames* his tools. [5]

A bad workman *quarrels with* his tools. [0]

(23) No. *A bad workman always blames his tools*. are infinitely preferable to the bare, rutted mudheaps at too many top-flight grounds at this time of year.

── *Daily Record* (Glasgow, Scotland), May 18, 2015

（いいえ。仕事が下手な人はいつも道具のせいにします。フォルカーク通りとクイーン・オブ・ザ・サウス通りの道路の表面は、この時期の多くのトップフライトの地面にあるむきだしの泥だらけの山よりもはるかに好ましいです）

(24) The stimulus may be an inanimate object. You may see a child kick the door viciously when unable to open it; and grown-ups will sometimes tear, break or throw down angrily any article which they cannot make do as they wish. *A bad workman quarrels with his tools.* Undoubtedly, however, interference from other persons is the most effective stimulus.

── Robert S. Woodworth (1921), *Psychology: A Study of Mental Life*, p.159

（刺激というのは、無生物の物体かもしれません。子供がドアを開けることができない時に悪意を持ってドアを蹴るのを見るかもしれません。

そして、大人は時々自分たちが思うように作れなかったものならどのような
ものでも、引き裂いたり壊したりすることがあります。仕事が下手
な人は道具のことで不平を言います。しかし、間違いなく、他人からの
干渉が最も効果的な刺激です）

b．does not → cannot

does not が cannot に置き換えられているわけだが、普通、この 2 つの表現
は意味が違う。「... をしない」と「... できない」という差があり同意語とは言
えない。しかし、次のようなことわざでは、これが可能になる。

Man ***does not*** live by bread alone. [32]

Man ***doesn't*** live by bread alone. [5]

Man ***cannot*** live by bread alone. [14]

Man ***can't*** live by bread alone. [1]

このことわざは「人はパンのみにて生きるものにあらず」という日本語訳で
有名だが、人には物質的なものだけではなく精神的なものが必要だということ
を述べている。does not と cannot は意味が違うが、ことわざの大まかな意味
を考えると同じと判断されて、変異形として使われている。新聞記事での頻度
を見ても極端な差は見られない。例文をあげておく。

(25) Peterson said she hopes the facility means a great deal to everyone.
"***Man does not live by bread alone***," she said. "The arts are so
important." — *Daily Herald* (Arlington Heights, IL), July 13, 2018
（ピーターソンさんは、この施設が皆にとって有意義なものになること
を願っていますと言われたのです。「人間はパンだけでは生きていけな
い。芸術はとても重要です」）

(26) "***A man cannot live by bread alone,*** but he must at least have bread.

37

Having a baseball bat does not mean that you will hit a home run, but you cannot hit one without a baseball bat," Jackson said.

── *Daily Herald* (Arlington Heights, IL), March 9, 1998

(「人はパンだけでは生きていけないが、少なくともパンがなければならない。野球のバットを持っているからといってホームランを打つわけではないが、野球のバットがなければホームランを打つことはできない」とジャクソンは言った)

c. The → A

一般的には、the と a は文法的な観点から見ると意味が違うと考えられるが、総称表現で使われるとほとんど同じ意味を表すと考えていい。つまり、ことわざ全体の意味から見ると同じことを表していると考えられるのである。

> ***The*** leopard cannot change his spots. [0]
>
> ***The*** leopard cannot change its spots. [0]
>
> ***The*** leopard can't change his spots. [0]
>
> ***The*** leopard can't change its spots. [0]
>
> *A* leopard can't change his spots. [6]
>
> *A* leopard cannot change his spots. [6]
>
> *A* leopard can't change its spots. [39]
>
> *A* leopard cannot change its spots. [14]

このことわざは「人はその性格を変えることはできない」という意味で用いられるが、特に悪い性格について述べる時に使われる。このことわざは原形のThe leopard cannot change his spots. が、どのことわざ辞典にも取り上げられているが、上のようにその頻度を見ると、現代では A leopard can't change its spots. という不定冠詞を使う表現の方が一般的に使われている。the を使うのも a を使うのも総称表現であり、少しとらえ方が違うだけで意味的にはあ

まり差がないのでこの変異形が使われているようである。まず、現代英語でも
使われている原形の例と、今、頻繁に使われる変異形の例をあげておく。

(27) "Yes, I do live in that house," said Annu bashfully. And then she added,
somewhat beneath her breath, "with a man."

"I thought so," said the noocaramus, rather satisfied with himself.

"*The leopard cannot change his spots* after all."

—— Brian T. Etheredge, *Annu Of The North: Proud, Fierce and Brave*,
p.47

(「はい、確かに私はその家に住んでいます」とアヌは恥ずかしそうに
言った。そして、彼女は小声で「男と一緒に」と付け加えました。「そ
う思ってましたよ。結局、性格は変えられないからね」とノオカラマス
は満足げに言った)

(28) They say *a leopard can't change its spots* but entrepreneurs should
recognise characteristics that could have a negative impact, and seek
the advice they need to give their company a fighting chance in the
current climate... —— *The Mirror* (London, England), April 30, 2009

(ヒョウは斑点を変えることはできないと言われますが、起業家はマイ
ナスの影響を与える可能性のある特徴を認識し、現在の状況下で自分た
ちの会社が戦うチャンスを得るために必要な、助言を求め流必要があり
ます)

(29) When he heard about the site, DeLallo said, "As you might imagine, I
wanted to throw up. ... They say *a leopard can't change its spots*. I
guess we're seeing the real Arlen Specter."

—— *Tribune-Review/Pittsburgh Tribune-Review*, May 13, 2009

(このサイトのことを聞いたデラルロさんは、「想像通り、吐き気がした。
ヒョウは斑点を変えられないと言われている。アーレン・スペクターの
本性を見ているようだ」と語った)

d. is → make

そもそも be 動詞と一般動詞は意味が違うのだが、SVC の構文で使われると、一般動詞の意味が「... である状態にする」という意味で少し似てくる。

> Might is right. [186]
> Might makes right. [167]

このことわざは「力が正義だ」という意味で使われる。Be 動詞が make に置き換えられても全体として表す意味は同じなので、このような変異形が使われるようである。両方の例をあげておく。

(30) The smacking ban Bill was introduced by Scottish Greens' MSP John Finnie, a former police officer, who said smacking teaches children that "***might is right***".
—— *Daily Record* (Glasgow, Scotland), November 6, 2019
（平手打ち禁止法案は、スコットランド・グリーンズのスコットランド議会議員であるジョン・フィニー氏（元警察官）によって導入されたものです。彼は、子供たちに平手打ちをすることは「暴力が正しい」と教えるものだと述べています）

(31) This debate can be boiled down to this: Does sparing the rod spoil the child, or does punishment simply teach children that "***might makes right***?" Few issues engender as much heated debate among parenting experts than this. So what's a mother (or father) to do?
—— *The Washington Times* (Washington, DC), July 28, 1998
（この議論は次のように煮詰めることができます：鞭を惜しまないことは子供を台無しにするか、あるいは罰は単に「暴力は正しい」ということを子供たちに教えるのかということです。これほど子育ての専門家の間で激しい議論を巻き起こす問題はありません。だから母親（または父

親）は何をすべきなのでしょうか）

e．knows → has

もちろん、know と have は同じ意味を表しません。ところが、このことわざに関しては、それが同じようなことを表しうるのです。

Necessity knows no law. [2]
Necessity has no law. [2]

このことわざは「必要とあれば法を破ることも仕方ない」という意味で使われるが、原形の方は Necessity というのが主語で擬人的に know が使われているが、変異形の方は、客観的に描写していて have が使われているのです。内容的には同じことを表しているので、どちらも大きな頻度の差なく使われています。

(32)"The E.C.B. Rewards Mismanagement," read the headline to an editorial in the left-leaning Suddeutsche Zeitung. The editorial page of the conservative Frankfurter Allgemeine Zeitung led with a German proverb, "***Necessity knows no law***," and criticized the E.C.B. for destroying the separation of fiscal and monetary policy.
── *International Herald Tribune*, September 8, 2012
（左寄りの社説『Suddeutsche Zeitung』の社説の見出しを読むと、「E.C.B. は不始末を報いている」とある。保守的な Frankfurter Allgine Zeitung の社説は、「必要性は法律を知らない」というドイツのことわざを引用し、財政政策と金融政策の分離を破壊した E.C.B. を批判した）

(33)Charles, though, remained undismayed. And today, standing amid the restored splendour and frantic energy of workmen, artisan builders and gardeners, he still likes to quote the 5th Earl of Dumfries, who declared of his decision to build the house: 'Tis certainly a great undertaking, perhaps more bold than wise, but ***necessity has no law.*** Charles adds: 'I felt rather the same 250 years later.'

── *The Mail on Sunday* (London, England), June 29, 2014

（しかし、チャールズは動揺しませんでした。そして今日、修復された華麗さ、職人達のものすごいエネルギー、職人肌の建築家と庭師達の中心に立って、彼はこの家を建てる決断をした第５代ダンフリース伯爵の言葉を引用したがった：「これは確かに偉大な事業であり、賢明というよりは無謀だと言えるかもしれないが、そんなことはどうでもいいのだ」そして彼は次のように付け加えた。「250年後、私もだいたい同じことを感じてたのです」）

タイプＣ：適用範囲を広げるための置き換え

　このタイプのものはある特定の範囲のものにしか適用できないものを、さらに対象範囲を広げるために語句を置き換えて、変異形を作ろうとする他のタイプとはかなり異なる目的のものである。

ａ．Englishman's → man's

　英国人を対象とするこのことわざの用法だったのが、対象を広げるために使われた置き換えだと考えられる。

　　An ***Englishman's house*** is his castle. (0) [3]

　　An ***Englishman's home*** is his castle. [231]

　　A ***man's house*** is his castle. [18]

　　A ***man's home*** is his castle. (2) [96]

　このことわざは、自分の家庭のプライバシーの尊重を訴えるときによく使われるものだが、まず、house の代わりに home が用いられた変異形がある。こ

れは、すでに見てきたタイプ A の同意語での置き換えにすぎないのだが、このことわざにはもう一つタイプ B の変異形も見られるのである。しかも、その変異形の生成方法が特徴的なのである。

　Englishman's house が man's house に変えられているのであるが、このことにより、英国人だけでなく、世界中の人のことに適用できるようにしようという変異形の生み出し方なのである。まず、原形の例と今までと同じような変異形の例を見てみよう。

(34) ***AN Englishman's house is his castle***, his garden shed is his fortress: a refuge that has nurtured many a seedling and saved many a marriage.
　── *The Mail on Sunday* (London, England), March 29, 2015
（イギリス人の家はその人の城であり、庭の小屋は彼の要塞です。多くの苗を育て、多くの結婚を救った避難所なのです）

(35) They say ***an Englishman's home is his castle*** but mine has become my prison, held to ransom by tenants whose behaviour is radically different from mine and my neighbours'.
　── *The Mail on Sunday* (London, England), November 2, 2003
（イギリス人の家はその人の城だと言われていますが、私の家は私の刑務所になっています。私のと私の隣人と根本的に異なる行動はテナントによって身代金を要求されました）

　次に、適用範囲の増えたこのことわざの変異形の例を見てみよう。house と home の変異形もあげておく。

(36) Look, you need to upgrade your living situation, OK? ***A man's home is his castle.*** - *The Listener*, S3E3
（なあ、君は生活状況を改善する必要がある。いいか、家は自分の城だ

というだろ）

(37) The English concept of "**a man's home is his castle**" does not refer to the cost of the home. Rather, it is the belief, backed by common law, that the homeowner is protected from invasion by intruders of all types.

── *Tribune-Review/Pittsburgh Tribune-Review,* July 27, 2008

（「家は自分の城だ」というイギリスの考え方は、家の費用のことではありません。むしろ、コモンローに裏付けされた、あらゆるタイプの侵入者による侵入から家の所有者が保護されているという慣習法なのです）

(38) *A MAN'S home is his castle*, but the car may be our new best friend, going by the RACQ's revelation of the most popular nicknames Queenslanders have for their cars.

── *Sunshine Coast Daily* (Maroochydore, Australia), August 1, 2014

（家はその人の城ですが、クィーンズランド州民に最も人気のあるニックネームを RACQ が発表したことで、車は私たちの新しい親友になるかもしれません）

(36)はカナダのドラマ、(37)、(38)はアメリカとオーストラリアの新聞記事と言うようにこの変異形は他の国でも受け入れられて使われているのである。さらに、それに伴いイギリスでも変異形の方がよく使われるようになって来ている。以下はその例である。

(39) But there is still something about a beautifully made pen that, although this may sound a little chauvinistic, particularly appeals to men. Working on the principle that *a man's house is his castle*, then his study is that castle's keep. A good selection of pens on the desk is something of an armoury.

── *The Mail on Sunday* (London, England), June 23, 2002

（しかし、美しく作られたペンには、少し排他的に聞こえるかもしれません が、男性には特に魅力的なものがあります。男の家は自分の城だという原則に基づくと、書斎はその城の本丸です。机の上のペンをうまく選択することは武器類の選択のようなものです）

b．penny → dollar

　これも、英国人を対象とするこのことわざが使用の拡張を図って使われ出したものと考えられる。

　　A penny saved is a ***penny*** earned. [89]
　　A dollar save is a ***dollar*** earned. [5]

　Penny というイギリスのお金の単位を使ったことわざはでは、同じ状況を述べる時に不都合なので、dollar というお金の単位を使うことにより使用範囲が広がるのである。もちろんのことながら、次例のようにアメリカでもこのことわざの原形の方を使うことがある。

（40）If ***a penny saved is a penny earned***, Barrington officials earned about half a million <u>dollars</u> Monday.
　　── *Daily Herald* (Arlington Heights, IL), April 24, 2012
　　（1ペニー節約すると1ペニー稼いだことになるのであれば、バリントンの役人は月曜日に約50万ドルを稼いだことになります）

　この例文を見ていただければ、penny と dollar が同居しているのがわかるであろう。このことわざを知らなかったら、貨幣単位が混在していて違和感を覚えるであろう。その違和感を解消しようとして使われ出したのが、penny を dollar に置き換えた次のような例である。

(41) Dollars for food: *A **dollar** saved is a **dollar** earned,* especially when eating at LeBerry Bistro at 227 S. Third St. in Geneva this month.

— *Daily Herald* (Arlington Heights, IL), February 11, 2009

（食べ物のためのドル。特に今月、ジュネーブの第3通り 南227番地にある LeBerry Bistro で食事をする時は、1ドル節約したら、1ドル稼いだと思ってください）

(42) Drivers are paying up to 15 cents a litre less in places just north of Mackay. We spoke to the experts to get a few tips on how to keep your consumption down. Because, remember, *a **dollar** saved is a **dollar** earned.* — *The Daily Mercury* (Mackay, Australia), August 6, 2016

（マッケイのすぐ北側の地域では、ドライバーはリッターあたり15セントも安くガソリンを給油できます。消費を抑える方法についていくつかの秘訣を得るために専門家に話を聞きました。なぜなら、節約した1ドルは稼いだ1ドルであることを忘れないでください）

　(41)のアメリカ英語の例だけでなく、(42)のようにオーストラリア英語でも使われるようになってきているのがわかる。このように、ことわざを使用するうちに自国の実情と合うように変えようとして変異形が生み出されることもあることを知っておくのも重要なことだと思われる。

タイプD：詩的な縮約形の語から普通の語形への置き換え

　このタイプのものはもともと文学作品や詩の一節から引用したものだったりするため、特に詩の場合はリズムの関係などから特別な縮約形が使われる。これが、日常の仕様において元の単語に置き換えられて使われるようになっている。

a．ne'er → never

この語は、never の縮約形だ。日常会話などで使う場合にリズムなどを気にする必要はないので、こうなって当然である。

Faint heart ne'er won fair lady. [3]
Faint heart never won fair lady. [23]

このことわざは、気の弱い男は積極的にいかないと美女を付き合うことができないという内容なのだが、予想通り詩的な語より普通の語を使う変異形の方が、多いようだ。両方の例文をあげておく。

(43) It is an old saying that "**Faint heart ne'er won fair lady**," and the writer of this letter should whip up a better conceit of himself.
── *Winnipeg Free Press*, August 3, 2017
(「気弱い心は美人の女性を勝ち取れない」という古いことわざがありますが、この手紙を書いた人は、今以上に自分のことをもっと高く評価すべきです)

(44) Favourite phrase? You will never know if you don't try - **faint heart never won fair lady**.
── *The Birmingham Post* (England), January 30, 2009
(私の好きなフレーズですか？試してみないとわからない。気弱な心は決して美人の女性と付き合えないです)

b．'em → them

この 'em も them の縮約形であるが、普通はこのように綴ることはない。

If you can't beat 'em, join 'em. [331]
If you can't beat them, join them. [401]

このことわざは、相手に勝てないと思ったら、相手方に入った方がいいという意味のものだ。これも、縮約形の原形と普通の単語の形が両方共存している。例を見てみよう。

(45) Pedro Martinez: New York Yankees. *If you can't beat 'em, join 'em,* right? Even if you do beat 'em. The Yankees know they need pitching help and will do whatever takes to get it.
―― *The Florida Times Union*, November 2, 2004
（ペドロ・マルティネス：ニューヨーク・ヤンキースか。彼らに勝てないなら、そのチームに加わればいいのでは？たとえ勝てたとしても、そうすればいい。ヤンキースは投手の助けが必要なことを知ってるので、投手を得るためには何でもするよ）

(46) So *if you can't beat them join them*. Here are some wines I'd cheerily wave on the front doorstep of a festive party and then sneakily hide next to the toaster and keep to myself.
―― *Evening Chronicle* (Newcastle, England), November 30, 2013
（彼ら（＝クリスマスの広告）に勝てないなら、仲間に加わればいい。ここにお祭りのパーティーの玄関先で元気よくその瓶を振って見せて、トースターの横にこっそり隠し、自分だけのものにしておきたいワインを紹介しよう）

　以上のように、詩的な表現は普通の表現に変えられて日常生活でことわざとして広まって行くようだが、そうならずに、詩的な表現がそのまま使い続けられているものもある。それが次例である。

　　Where ignorance is bliss, *'tis* folly to be wise [14]

　なぜ、このことわざが、特別な 'tis という it is の短縮形をそのまま使い続

48

けられているのかというと、元々が詩の一節だからである。このことわざは、真実を知るよりも知らないことの方が幸せな場合があるという内容だ。

(47) Dear Abby: I often hear people misquoting famous sayings. One in particular gets my goat. The classic adage is NOT "Ignorance is bliss." Correctly, it is "***When ignorance is bliss, 'tis folly to be wise.***" Would you help me set the record straight?
── *St Louis Post-Dispatch* (MO), February 17, 1997
（親愛なるアビーへ：私はよく、人々が有名な格言を間違って引用するのを聞きます。特にその中の１つは私をいらだたせます。古典的な格言は「無知は至福」ではありません。正しくは「知らない方が幸せな場合には、知ることは愚かである」です。誤解を解くのを手伝ってくれませんか？）

(48) But, we all know at least three words of Mr Gray's. Yes, we do! '***No more; where ignorance is bliss, 'Tis folly to be wise.***'
── *Daily Mail* (London), February 20, 2016
（しかし、私たちは皆、少なくともグレイさんの言葉を少なくとも３つは知っています。本当に、知っているのです！「それ以上はいいです。知らない方が幸せな場合には、知ることは愚かなのだから」という言葉です）

このように、語句の置き換えは、通例、単純な方へと進むのだがそれを阻むような要素が上のような本当に有名で誰でも知っているという文学作品の一節や有名な詩の一節などである。

１．２．古い英語の用法を新しい英語の用法に変えて使う

時代による文法や語の用法の変遷が原因で、古い英語の用法を新しい英語の用法に変えて使うようになってきている。

49

[1]. but → only

「... にすぎない」という意味の but の用法に関しては、以下のように Swan
(2016) に説明されていて、この意味の but の用法は古い用法だとわかる。つ
まり、古い用法なので同じ意味の only が代わりに使われるようになってきて
いるのである。

> 4 *but* meaning 'only'
>
> In older English, but was used to mean 'only', but this is now very
> unusual.
>
> > She is ***but*** a child.
>
> —— Swan, *Practical English Usage.* 413.4

この現象が見られるのが、Beauty is but skin deep. ということわざである。

Beauty is ***but*** skin deep. (1) [1]
Beauty is ***only*** skin deep. (0) [215]

このことわざは「美しさはうわべだけにしかすぎない」という意味で、人は
見かけによらないという場合に使われるが、「... にすぎない」という意味の
but の少し古い用法が同じ意味を表す only に変えられた変異形がある。
　元の形がそのまま使われているテレビドラマの例をあげる。

(49) The beautiful Genvieve, who proves that ***beauty is but skin deep*** and
　　that a beast resides within us all. —— *Grimm*, S3E16
　　(美貌のジュヌヴィエーヴ。ただし、その美も皮一枚のこと。我々皆と
　　同様、その下に獣性を宿す)

50

　この場面は、見世物小屋での男の解説の言葉なのだが、いかにも怪しげな雰囲気を出すために、古い but の用法をあえて用いているようである。次に、only に置き換えられた変異形の例だ。

(50) A NATIONAL pageant winner has received her crown, but *beauty is only skin deep* and the Bundy woman has proven she is more than just a pretty face.
—— *News Mail Bundaberg Qld.*, March 14, 2020
（ナショナル・ページェントの優勝者が王冠を手にした。美しさは皮一重と言われるが、そのバンディの女性は彼女がただ単なる綺麗な顔以上の存在であることを証明した）

　この only と but の変異形を Ngram Viewer を使って比べて見た。時代的にどのように使用の変遷があるのかをグラフで表したものを見ると、この100年間で確実に使用頻度に大きな差が現れているのがわかる。

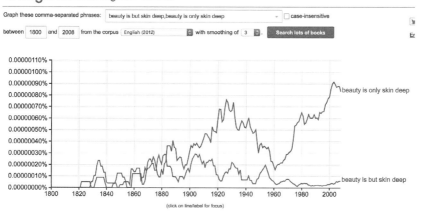

[2]「動詞の原形 + not」→「Don't + 動詞の原形」

現代英語では否定命令文は「Don't + 動詞の原形」という形式が取られるが、時代を遡ると英語では「動詞の原形 + not」という形式が使われていた。そのため、古いことわざでは「動詞の原形 + not」という形式が使われ、それがそのまま定形になり、現在でもそのままの形で使われることがある。例を見てみよう。

（a）***Hide not*** your light under a bushel. [0]

　　Don't hide your light under a bushel. [19]

このことわざは、他の人にわかってもらえるように、自分の良いところを隠さないようにしなさいというメッセージを伝えている。

(51)"Let us hold fast the profession of our faith without wavering, for he us faithful that promised" (Heb. 10:23), and therefore we should be faithful in performing. See to it that you ***hide not your light under a bushel***. Be not ashamed of your Christian uniform, but wear it on all occasions. Let your light so shine before men that they may see your good works. Be not a compromiser and temporizer, but out and out for Christ. — Pink, A.W. (2009), *Spiritual Growth*, p.109

（「揺らぐことなく信仰の告白を堅持しようではありませんか」あなたがたは、自分の光を笠の下に隠さないように気をつけなさい。クリスチャンの制服を恥じずに、いつも着用しなさい。あなたの光を人の前で輝かせて、あなたの善行をみんなが見ることができるようにしなさい。妥協や一時しのぎなどをせず、キリストのために自分を外に、外に出すのです）

この例を見ればわかるように、宗教的なメッセージを強く伝えようとしてい

るので、古い英語の表現を使うことによって重みを出しているのである。次の例は、普通の気楽なアドバイスです。

(52) ***Don't hide your light under a bushel*** at work, Libra. Important faces are watching who can help you take things to the next level in your career now.
―― *Evening Chronicle* (Newcastle, England), December 21, 2011
（リブラ、仕事中に自分の素晴らしさを隠してはいけません。あなたのキャリアを次のレベルに引き上げる手助けをしてくれる重要人物が注目していますから）

上の例のように、現代的なアドバイスをする時にはもっと軽い口調にするために、古い重々しい表現ではなく、軽い現代的な変異形の否定命令文を使うようになってきている。このことは使用頻度の差に現れている。

(b) ***Kill not*** the goose that lays the golden eggs. [1]
Don't kill the goose that lays the golden eggs. [3]

このことわざは、目先の利益しか見ずに将来の利益を犠牲にするなということを伝えるときに使われることわざだが、やはり現代的な Don't kill とい表現が普通になってきている。古い表現と新しい変異形の例を見ておこう。

(53) I like to think that there is something in the suggestion that the American version of "***Kill not the goose that lays the golden eggs***" is "Every man has a goose that lays golden eggs, if he knew it."
―― *Nature Magazine* (1952), p.439
（「金の卵を産むガチョウを殺すな」のアメリカ版は「すべての人は、そ

の人がわかっているなら、金の卵を産むガチョウを持っている」である
という提案には何かがあると思いたい)

(54) In a blunt message to the Chancellor, Mr Jones said: 'What is
important is that you **don't kill the goose that lays the golden eggs**.
Don't hurt the one thing you have delivered for business and for the
economy more than anything, which is macroeconomic stability.'
—— *Daily Mail* (London), November 25, 2002
(財務大臣への単刀直入なメッセージの中で、ジョーンズ氏は次のよう
に述べています。「重要なのは、金の卵を産むガチョウを殺さないとい
うことです。ビジネスと経済のために何よりも優先して提供したもの、
つまりマクロ経済の安定性を傷つけないでください」)

(c) **_Count not_** your chickens before they are hatched. [0]
Don't count your chickens before they are hatched. [9]

　このことわざは良い状況ばかりを考えて物事を推し進めるなと忠告する時に
よく使われるものだが、この原形のはイソップ童話集に現れているが、現在で
は原形が使われた用例を見つけることはまずない。

(55) **_Count not your chickens before they are hatched._**
—— Aesop, *Aesop's Fables*, p.51
(孵化もしていないのにニワトリの数を数えてはいけない)

　これはイソップ童話集の中にある The Milkmaid and her Pot of Milk とい
う話の最後に使われている教訓であるが、Count not と古い英語の表現が使わ
れている。しかし、新聞記事などでは現代英語のに合わせて次のように換えら
れている。

(56) You would think that a family of farming folk would keep the old adage '***don't count your chickens before they are hatched***' firmly at the front of their communal mind - but no: Kenton, Elizabeth and Shula have thrown caution to the winds, and spend their waking hours thinking of all the wonderful ways in which they can spend the Brookfield Loot. —— *Daily Mail* (London), January 10, 2015

（農家の家族は「孵化する前にニワトリを数えるな」という古い格言をしっかりと心の前に置いているのではないかと思うだろうが、ケントンとエリザベスとシューラは、風に注意を払っていて、目を覚ましている間はブルックフィールドの戦利品をどうやって使うかを考えて過ごしている。）

これは、ラジオドラマ *The Archers* に関する記事だが、ここでは、現代の英語に合うように Don't count という表現が使われている。

同様のことが、Wake not a sleeping lion. にも当てはまるのである。このことわざは、せっかく落ち着いている状況なのに、わざわざ問題を起こす必要はない時に使われるが、Wake not a sleeping lion. [0] ということわざの原形が使われるのは皆無と言っていいほどで、Don't wake a sleeping lion [9] という変異形の方が一派には使われている。

(57) "My demeanour can be related to the saying '***Don't wake a sleeping lion***'. If you underestimate me I might just bite."
—— *The Mirror* (London, England), September 27, 2017
（「私の態度は " " 眠れる獅子を起こすな " ということわざにも通じるものがあります。" 私を見くびっていたら、嚙みつくかもしれませんよ」）

(d) ***Waste not***, want not. (4) [734]
　　Don't waste, don't want. (0) [0]

「無駄をしなければ不自由もしない」という意味で、命令文の形をしているが、前の部分は条件を表していて "Waste not" = if you do not waste anything, と、後ろの部分は "want not" = you will not want anything. とパラフレーズすることができる。ここで注目しなければならないのは、上で見たような「動詞の原形 + not」→「Don't + 動詞の原形」という変化がほとんど起きていないことが特徴的である。確かに、次例のように現代的な命令文の形をした表現の例を見つけることもできるのだが、非常にまれである。

(58) "So the deepsiders improvised," Linnea said. "***Don't waste, don't want.***"
"We have a saying like that, yes." Esayeh smiled.
—— Kristin Landen, *The Dark Reaches*, p.154
(「ディープサイダーは間に合わせの材料で作ったのです。無駄にしないで 欲しくない」とリネアは言った。「そういうことわざがありますね」エセヤは微笑んだ)

この SF 小説の例は Don't waste, don't want. という表現が使われているまれな例である。頻度数を見ていただいても、歴然とその違いがわかる。また、テレビドラマの口語の例でも、次のように古い表現の方が使われている。

(59) A: Deepfried pork knuckles... Is it really necessary to use every part of the animal?
B: ***Waste not, want not.***
—— *Grimm*, S3E14
(A：豚足か。豚の全部の部位を食材にする必要が？ B：無駄にはできんよ)

上で見た大抵のことわざの場合は、「動詞の原形 + not」は「Don't + 動詞の

原形」という形式に換えられて使われているのだが、このことわざの場合は「動詞の原形 + not」という命令文の形が今でも頻繁に使われている。例をあげておく。

(60) Undeterred by my misery, my dad would say what he always said when someone complained about hash night: ***"Waste not, want not."*** Then he'd raise an eyebrow and declare, "It's hash if I say it's hash."
── *News Sentinel*, February 21, 2018
(ハッシュ料理の夕食に誰かが不平を漏らすと、)
私の惨めさに耐えられず 父はハッシュナイトに文句を言うと いつも言っていたことを言った。『無駄にしなければ、他のものは必要なし』だぞ。そして眉をひそめて「私がハッシュ料理だと言えば、ハッシュ料理なんだ」と言った)

この古い形が今でも残っているのには、次のように一まとまりで形容詞的に使われる用法が発達してきたのも一因と思われる。

(61) Many of these dishes came out of poverty and ***a "waste not, want not" attitude***. Scots were able to extract the maximum flavour from those cheap cuts of meat. ── *Daily Mail* (London), July 24, 2006
(これらの料理の多くは、貧しさと「無駄にしなければ、他のものは必要ない」という姿勢から生まれました。スコットランド人は、その安い肉の切り身から最大の風味を引き出すことができたのです)

(62) Congrats! You've nailed the ***"Waste not, want not" attitude***. Now let it pay you back for the rest of your life. Don't let your friends razz you into throwing out your values.
── *St Louis Post-Dispatch* (MO), March 8, 1994
(おめでとうございます！「無駄にしなければ、他のものは必要ない」

という態度を打ち出した。今、あなたの人生の残りのためにあなたにお返しさせてください。友達にあなたの価値観を捨てさせようとしないでください)

なぜこのことわざだけが古い英語の形を留めているかというと、次の記事のようにグループ名で使われたり、記事のリードで使われたりしていることで古い形の方が定着しているのも、さらなる原因だと思われる。

(63) Much of it just thrown away. Luckily, a small but important amount of this food is not wasted but provided to food pantries and nonprofits of all kinds.

(64) The food agent of mercy here is a group of volunteers in a group called **Waste Not Want Not**. —— *The Florida Times Union*, February 6, 2012

(その多くはただ捨てられています。幸いなことに、わずかですが重要な量の食料は無駄にされず、食料貯蔵室や非営利団体に提供されています。この慈悲深い食品エージェントは、Waste Not Want Not と呼ばれるボランティアグループです)

この記事では、食料を無駄にしないようにしようと立ち上がった非営利団体の名前が Waste Not Want Not であることがわかる。このように団体の名前にもつけたりすることによって古い表現が定着しているようだ。以下に新聞記事のリードの例をあげておく。

(65) **Waste Not, Want Not** —— *Pittsburgh Post-Gazette* (Pittsburgh, PA), February 21, 2019 (浪費しなければ不足もなし)

(66) **Waste Not Want Not**; Freezing Food and Planning Meals Ahead —— *Daily Post* (Liverpool, England), January 17, 2012

（無駄にしなければ不足もなし。食品の冷凍と食事の計画を先に立てる）

(67) ***Waste Not, Want Not*** - Especially at Harvest

—— *The Spokesman-Review* (Spokane, WA), October 5, 2019

（無駄にしなければ不足もなし - 特に収穫時には）

　以上のように、変異形の中には、古い英語の用法を新しい英語の用法に変えて使うものがあるのだが、その変化の度合いもことわざによって違うようで、ほぼ完全に置き換わってしまって、古い英語の用法であることわざの用例を現代英語で見つけるのが非常に困難なものもあれば、古い形が今でも普通に使われているものもあるのである。

２．語句が省略・付加される場合

　ほとんどの場合は、語句が省略されるが、まれに語句が付け加えられたりすることがある。以下で、その特徴を考察したい。

２．１．省略される場合

　　Lightning never strikes ***the same place*** twice.［78］
　　Lightning never strikes twice ***in the same place***.［78］
　　Lightning never strikes twice.［220］

　このことわざは「雷は２度同じところに落ちない」ということで、同じ人が再び不幸になることがないと、相手を慰める時などに使われる。例を確認しよう。

(68) In this case, the saying ***"lightning never strikes the same place twice"*** would be essentially true, as illustrated next.

—— Vladimir A Rakov (2016), *Fundamentals of Lightning*, p.212

59

（この場合は、次の図に示すように「雷が同じ場所に2回落ちることは絶対にない」ということわざは基本的に正しいことになる）

これは雷についての専門書からの例であるが、このことわざの内容は真実のことだと述べているが、the same place という語句が使われている。この語句は目的語としてではなく、次のように in が付いて副詞語句としても使われる。

(69) Rob said: 'They say *lightning never strikes twice <u>in the same place</u>* but both Lee and Evie had meningitis just three months apart.'
―― *Birmingham Evening Mail* (England), May 2, 2003
（ボブは次のように述べました。「雷が同じ場所に2回落ちることは絶対にないと言われますが、リーとイービーは、わずか3ヶ月違いで髄膜炎になったのです」）

ところが、次の例のように the same place という語句が省かれて使われることの方が多いのである。この語句がなくても意味がわかるので省略されるのであろう。

(70) IF it's ever said that *lightning never strikes twice*, nobody at Coventry Speedway will believe it.
―― *Coventry Evening Telegraph* (England), July 6, 2012
（雷が同じ場所に2回落ちることは絶対にないと言われているとしても、コベントリー・スピードウェイにいる人は誰もそれを信じないでしょう）

2.2. 付加される場合
　語句が付加されるという例は少ないのだが、語句が付加される場合の特徴は意味を強めたいというのが目的だと思われる。

(a) You cannot [can't] have your cake and eat it. [253]

You cannot [can't] have your cake and eat it ***too***. [69]

このことわざは、いいことを 2 つとも手に入れることはできないという場合に使われる。

(71) Secondly, there is often a conflict between the protections that an investor quite reasonably wants and the EIS/SEIS legislation which insists that, in order to qualify for the tax reliefs, the investment is proper risk capital - in other words, in tax terms, ***you cannot have your cake and eat it <u>too</u>***.
—— *The Journal* (Newcastle, England), October 11, 2017
（第 2 に、投資家が合理的に望んでいる保護と、減税措置を受ける資格を得るためには、投資は適切なリスク資本であると主張する EIS ／ SEIS 法案との間にはしばしば矛盾があります。ケーキは食べたら、手には残らないのです）

3．文意を変えないで別の文構造を使う場合
　ことわざの中には、語句を別のものに置き換えるのではなくて、文構造を別のものにして、元の語句を残しながら同じ意味を表すという変異形を持つものがある。ここでは、そのようなものを取り上げてみたい。

(a) All that glitters is not gold. [165]

All is not gold that glitters. [3]

　このことわざは　All that glitters is not gold. という形の方が圧倒的な頻度で使われていることがわかる。

(72) And, as Manchester United again arrive in the east Midlands this afternoon, the man with the Midas touch has suddenly discovered *all that glitters is not gold.*

── *The People* (London, England), February 5, 2017

(そして、今日の午後、マンチェスター・ユナイテッドのチームが再び東ミッドランドに到着すると、金儲けの名人の男は、きらめくものすべてが金ではないことを突然発見したのです)

(73) However, *all is not gold that glitters*. Says Odenkirk: "[There are] those who think like you and want them conserved with harvest restrictions, and [there are] others who want them all dead now."

── *The Washington Times* (Washington, DC), January 7, 2004

(しかし、輝くものすべてが金ではありません。オデンカーク氏は次のように述べています。「あなたのように考えて、収穫制限で保護したい人もいれば、今はすべて死にたい人もいます」)

(b) It is(It's) no use crying over spilt milk. [31]

There's no use crying over spilt milk. [27]

There's no point crying over spilt milk. [41]

このことわざは少なくとも3つの形で使われていて、日本人にあまり馴染みのない There's no point crying over spilt milk. という形が一番よく使われているようである。

(74) But *it is no use crying over spilt milk*, even though it does still come in pints. All we can do at this stage of the game is to watch out for the next con-trick on the horizon, which will be the euro referendum.

── *Daily Mail* (London), February 21, 2002

(しかし、それはまだパイントで来ても、それはこぼれたミルクを叫ん

でも無駄です。ゲームのこの段階で私たちにできることは、地平線上の次の策略に注意することです。これはユーロ国民投票になります）

(75) WE UNDERSTAND the concept behind the phrase *'there's no use crying over spilt milk'*, but just ignoring a puddle on the floor isn't good practice. Left to fester, cow's milk soon goes bad and exudes a nasty smell that takes ages to dispel. ── *Daily Mail* (London), August 24, 2018

（私たちは「こぼれた牛乳を嘆いても無駄だ」というフレーズの背後にある概念を理解していますが、床に水たまりができても無視するのは良い習慣ではありません。牛乳は放置しておくとすぐに腐ってしまい、臭いを放つようになり、それを払拭するのに時間がかかります）

(76) *THERE'S no point crying over spilt milk* - that's the message Galway boss Don O'Riordan has for his players ahead of tomorrow's clash with Shamrock Rovers at the Morton Stadium (3.0).
── *The Mirror* (London, England), March 25, 2000

（こぼれた牛乳で泣いても意味がない。これがゴールウェイのボス、ドン・オリオルダンが明日のモートン・スタジアムでのシャムロック・ローバーズとの対戦に向けて選手たちに発したメッセージだ）

(c) What is worth doing at all is worth doing well. [0] [0]

What is worth doing is worth doing well. [0] [0]

If a job is worth doing, it's worth doing well [8]

If it is worth doing, it's worth doing well. [5]

Anything worth doing is worth doing well [15]

If a thing is worth doing, it's worth doing well. [1]

If a thing's worth doing, it's worth doing well. [3]

このことわざも多様な形があるのだが、あまりことわざ辞典などにあげられ

ていない Anything worth doing is worth doing well. が一番よく使われるよう
である。

(77) Here at Leekes we know that *if a job is worth doing it is worth doing well*, so here are some of our helpful hints and tips to bare in mind before starting your new project.
—— *Western Mail* (Cardiff, Wales), November 4, 2017
（ここリーキーズでは、価値がある仕事なら、うまくやる価値があると
いうことを知っているので、新しいプロジェクトを始める前に心に留め
ておくべきポイントをご紹介します）

(78) Well, the adage says, "*If it's worth doing, it's worth doing well.*"
—— *The Spokesman-Review* (Spokane, WA), December 30, 2019
（ことわざによると「やる価値があるなら、うまくやる価値がある」）

(79) Be engaged. "You have to take an active role in anything you are part of," he said. "My parents taught me that *anything worth doing is worth doing well.*"
—— *Telegraph - Herald* (Dubuque), September 5, 2019
（積極的に関わること。「自分が関わっていることには何事にも積極的に
参加しなければなりません」と彼は言いました。「何をするにも価値の
あることは何でもうまくやることだと両親が教えてくれました」）

4．文脈に応じて使われる一時的な場合

　ことわざの変異形であるかのように見えるが、決まってそれが使われるわけ
でないような、一時的なことわざの使い方がある。その例を見て行きたい。

（ a ）A cat has nine lives.

　このことわざは、猫が非常に強い生命力を持っていることを述べているが、

64

これを次のように、人間に置き換えて使っている。

(80) How has deranged Emma Barton in *Emmerdale* got away with murdering her husband for so long? It's as though ***she has nine lives.*** Speaking of which, it's a mystery why no one has questioned the disappearance of her first victim - the poisoned family cat! There's no way this killer storyline will end well. —— *Daily Mail* (London), August 12, 2017

（『エマーデール』という番組では、狂乱したエマ・バートンは夫を殺害したのに、どのようにして長い間逃亡し続けているのだろうか。まるで9つの命があるかのようだ。とはいえ、最初の犠牲者、つまり家で飼っていた毒殺された猫の失踪に誰も疑問を抱いていないのは謎です。この殺人事件の話がうまいくわけがない）

これは、テレビ番組に対するコメントの一部なのだが、cat の代わりに she を用いて「彼女はなかなか死なない」という意味を、このことわざを利用することで表している。その後に、猫の失踪について述べることで、Cat has nine lives. ということわざをすぐ思い出せるようになっている。もう一つ例を見てみよう。

(81) THIS is ***the GATT that has nine lives***. But is even this knack for survivability enough to produce a new global trading order? —— *The Christian Science Monitor*, January 15, 1992

（これが9人の命を持つ GATT です。この生き残りのコツは新しい世界貿易秩序を生み出すのに本当に十分なのだろうか）

この例で面白いのは GATT を cat の代わりに使っているのだが、韻を踏んでいることを忘れてはならない。これにより、下敷きにしていることわざがす

ぐわかるようになっている。ある種の言葉遊びである。

(b) Kill two birds with one stone.

　このことわざは「一石二鳥」という日本のことわざとそっくりなので、日本人にもよく知られているが、色々な場面で一時的に語句を置き換えて、その場の状況に合わせて使われる。

(82) A: I know what you're trying to do.

Lucifer: If you mean solve a mystery, then yes. And with you and I working on this case together, it'll **_kill two mysteries with one stone,_** hmm? —— *Lucifer*, S3E13

（A：魂胆はわかっているわ。ルシファー：一緒にこの事件を解決すれば、君の謎も解けるから、一石二鳥だろ）

(83) "In a lot of cases, schools are trying to **_tackle two birds with one stone_**, trying to find ways to package storm shelters, for example, with front-door security," said Christy Watson, spokeswoman for the Oklahoma State School Boards Association.

—— *THE JOURNAL RECORD*, December 9, 2015

（「多くの場合、学校は防風シェルターと、例えば、正面玄関のセキュリティとを一まとめにする方法を見つけて、一石二鳥に取り組もうとしている」とオクラホマ州教育委員会協会報道官のクリスティ・ワトソンは言った）

(c) A man is known by the company he keeps.

　このことわざも有名なので、色々な状況で、語句を置き換えられて使われている。

(84) ***Candidates, like most people, are known by the company that they keep.*** Bring in Mr. Laffer, Jack Kemp, Steve Moore, Larry Kudlow, Steve Forbes and the rest of the supply-side tax terminators, and the entire complexion of Mr. Schwarzenegger's campaign would change overnight.

—— *The Washington Times* (Washington, DC), August 21, 2003

(候補者は、ほとんどの人と同じように、その人の付き合っている人によってわかります。ラファー氏、ジャック・ケンプ、スティーブ・ムーア、ラリー・クドロー、スティーブ・フォーブス、そして残りの税金の供給側のタックス・ターミネーターを連れてくると、シュワルツェネッガー氏の選挙運動の全体像が一夜にして変わるでしょう)

(85) But if legal societies ***are known by the company they keep***, then the group isn't part of a vast right-wing conspiracy. In fact, every single sitting Supreme Court justice has addressed the Federalist Society.

—— *The Examiner* (Washington, D.C.), April 3, 2017

(しかし、法曹界のことが付き合っている仲間によって知られるというのなら、そのグループは右翼の広大な共同謀議には関わっていません。事実、現職の最高裁判事は全員、フェデラリスト協会に対して意見を述べて来ましたので)

(d) There's no place like home.

「家庭ほどいいものはない」という意味で使われるこのことわざも、「…ほどいいものはない」という意味を表す時に、語句を置き換えて頻繁に使われる。

(86) This was not unusual, because ***there is no place like Vietnam***.

—— *New Statesman* (1996), December 6, 2010

(ベトナムのような素晴らしい場所はないので、これは珍しいことでは

ありません)

(87) Be it ever so humbling, *there is no place like the golf course*.
── *St Louis Post-Dispatch* (MO), April 14, 1996
(つつましいとしても、ゴルフ場ほど素敵な場所はありません)

(e) It is no use crying over spilt milk.

このことわざも、spilt milk の部分を置き換えて、「... のことを後悔しても仕方がないよ」という意味で、頻繁に会話で使われている。

(88) If only your good friend Yang had been as passionate.
Oh, well, *no use crying over spilled soda*.
── *Psych*, S5E16
(A：あなたの親友のヤンが情熱的だったらなあ。B：ああ、こぼれたソーダを嘆いても無駄だよ)

(89) A: Paige, I am so sorry.
Paige: Oh, it's all right. Don't panic. We'll pick them all up one at a time.
A: Paige, I promise we'll fix this.
Paige: No, it's ruined because you butt in!
A: Why can't you just stay out of it and let me do it myself? *Don't cry over spilt fruit.*
Paige: Sorry. Unfunny.
A: Oh, no, it's not that.
── *Brothers and Sisters*, S4E12
(A：ペイジ、本当にごめんなさい。ペイジ：いいのよ 慌てないで。一人ずつ拾っていくから。A：ペイジ、約束するよ。直すから。ペイジ：あなたのせいで台無しよ！A：私にやらせてくれないの？こぼれた果

68

物で泣かないで。ペイジ：ごめんね 笑えない。Ａ：いや、そんなつもりで言ったんじゃないわ)

4．使われなくなってきていることわざ

みんなが知っているが、使わなくなっていることわざがある。ここで重要なのは、使われなくなってきているということであって、使われないというわけではないということである。ことわざや格言は、我々が生きている上での指針などが示されていて、行動の指針になるものもあれば、その考え方はどうだろうかと疑問を持ってしまうものもある。その中で、今でも人々の価値観と合致するものだけが使い続けられているのだと考えられる。

　以下では、古くはよく使われていたのに、今ではほとんど使われなくなってきていることわざに焦点を当てて、その原因を考察したい。

1．Even Homer sometimes nods.

Even Homer sometimes nods. ということわざは私が学生の時に覚えさせられたものだが、現在ではほとんど使われなくなっている。*Oxford Dictionary of Proverbs* には Homer sometimes nods. があげられていて、2000年の例が掲載されているが、新聞記事のデータベースを検索しても、Even Homer sometimes nods. も Homer sometimes nods. も、両方の例が一つも見つからなかった。それほどこのことわざは今日では使われなくなってきているのである。それでは、このことわざの他の変異形があり、それに取って代わられたのであろうか。それを調べるために、*Dictionary of European Proverbs* で変異形を調べ、3つの変異形を取り出し、データベースを検索して見た。その結果を各変異形の右横に [　] に数字で示してあるが、どれも [0] であった。

　e）．even Homer sometimes nods [0]

　g）．even the worthy Homer sometimes nods [0]

　m）．Homer sometimes nods [0]

—— *Dictionary of European Proverbs*, p.197

　このように、このことわざは新聞記事では全く使われていない。実際のところ、本当に使われなくなって来ているのであろうか。Ngram Viewer を使ってこの表現の変遷を視覚的に見ることにした。以下がその結果である。

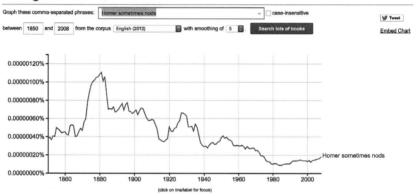

　このグラフを見れば明らかなように、1950年頃から減少して来ていることがわかる。2000年以降もゼロにはなっていないのは、このデータである Google Books にはことわざの本などが含まれているからである。

　このように、Even Homer sometimes nods. ということわざは、だんだんと使われなくなって来ている。日本語ではこのことわざを日本語のことわざ「弘法も筆の誤り」を使って訳語としているため、日本人には馴染みが深いが、現代の英語母語話者にとってギリシアの叙事詩人ホメロスは常識ではなくなって来ていることが原因であろうと思われる。

２．A drowning man will catch at a straw.

　A drowning man will catch at a straw. ということわざも日本人にとっては親しみ深いもので、その「溺れる者は藁をも摑む」という非常にうまいと思わ

れる訳でも有名だが、現代の英語では使われなくなって来ているようである。
ことわざ辞典であらゆる変異形を調べてデータベースで検索してみた。結果は、
それぞれの変異形の右に示した。

drowning A drowning man will catch at a straw. Vars.:(a) A drowning man clutches at a thread. [0] (b) A drowning man grabs at a straw. [0] Rec. dist.: U.S., Can.1st cit.: 1534 More, Dialogue of Comfort Against Tribulation; US 1720 Noyes, Letter in Colonial Currency, ed. Davis, Publ. Prince Soc. (1910-11). 20c. coll.: ODEP205, Whiting275, CODP60, Stevenson 643:5, T&W233, Whiting(MP) 394.
── *A Dictionary of American Proverbs*, p.169

a）．a drowning man plucks at a straw [0]
b）．a drowning man snatches at every twig [0]
c）．a drowning man will catch at razors [0]
d）．a drowning man will clutch at a straw [1]
e）．drowning men catch at straws[0]
f）．drowning men will catch at a rush [0]
g）．he that is carried down the torrent catcheth at everything [0]
── *Dictionary of European Proverbs*, p.113

drowning A drowning man will catch at a straw. Vars.:(a) A drowning man clutches at a thread. [0] (b) A drowning man grabs at a straw.[0] Rec. dist.: U.S., Can.1st cit.: 1534 More, Dialogue of Comfort Against Tribulation; US 1720 Noyes, Letter in Colonial Currency, ed. Davis, Publ. Prince Soc. (1910-11). 20c. coll.: ODEP205, Whiting275, CODP60, Stevenson 643:5, T&W233, Whiting(MP) 394.
── *A Dictionary of American Proverbs*, p.169

以上のことでわかるのは、A drowning man will catch at a straw. ということわざは現在の新聞記事では全く使われていない。ところが、変異形である A drowning man will clutch at a straw. の方は以下のように使われている。

(1) The first page of the first chapter has "grim resolve", "forgotten backwater", "hallowed tones", "wasn't much to pin one's hopes on", "*a drowning man will clutch at a straw*" and "temporary respite". The reason the eyes glide so quickly across this fluid and readable novel is that often we already know what is coming next in the sentence.
—— *Scotland on Sunday* (Edinburgh, Scotland), December 1, 2019
（第1章の最初のページには、「厳しい決意」、「忘れられた背水の陣」、「神聖なトーン」、「自分の望みを託すことはあまりなかった」、「溺れる男は藁にもすがる」、「一時的な休息」がある。この流動的で読みやすい小説の中で、目がとても速く滑るのは、文章の中で次に何が来るのかがすでにわかっていることが多いからだ）

小説の紹介記事なので、ここで使われていることわざはチャプター名であり、普通のことわざの用法ではない。しかし、ここで注意すべきは、A drowning man will catch at a straw. ではなく、A drowning man will clutch at a straw. の方であるということである。少し古くなるが、雑誌 *Time* の記事を検索しても、例が少なく、一番新しいのが、1969年のもので、次のように A drowning man will clutch at a straw. が使われている。

(2) The snakes who wove a raft to carry him have fled away beneath the sea. He holds his flute still, as *a drowning man clutches a straw*.
—— *Time*, 1969/10/03
（彼を運ぶためにいかだを編んだ蛇は、海の下に逃げてしまった。溺れる男が藁を摑むように 彼は笛をじっと握っている）

　最近の使用例はないかと、雑誌を検索すると、次のような2006年の例を１つ
だけ見つけることができた。しかし、これも A drowning man clutches a
straw. という変異形の例である。

(3) So, British Prime Minister Tony Blair has announced that he will work
for peace in Palestine until he leaves office in around 10 months time,
and after that, no doubt will be available for speaking engagements on
his efforts in that direction. He has already been off to the region, met
Prime Minister Ehud Olmert of Israel and his Palestinian counterpart
Mahmoud Abbas and, for good measure, Fouad Siniora, prime minister
of what is left of Lebanon; and they all seem to agree that Tony might
be the very man to get the US-sponsored Road Map back on track.
But, as they say, *a drowning man will clutch at a straw*.
—— *The Middle East*, October 2006
（だから、イギリスのトニー・ブレア首相は、約10ヶ月後に離職するま
で、パレスチナの平和のために尽力することを発表しました。そして、
その後、その方向へ彼が努力すると話していることは信じていいでしょ
う。彼はすでに現地に赴き、イスラエルのエフード・オルメルト首相や
パレスチナのマフムード・アッバス議長、さらに、レバノンに残された
フアド・シニオラ首相にも会っており、彼らはアメリカが提唱したロー
ドマップを軌道に乗せるにはトニーが最適だと意見が一致しているよう
だ。しかし、「溺れる者は藁をも摑む」という言葉があるように本当に
この判断は正しいのだろうか）

　このように見てくると、A drowning man will catch at a straw. は A
drowning man will clutch at a straw. に取って代わられたと思われるかもしれ
ない。しかし、clutch の方が catch と比較するとよく使われると言えるかも
しれないが、このことわざの使用頻度が非常に少なくなって来ているのは確か

であり、それは、Ngram Viewer で catch at a straw と clutch at a straw の時代的な使用の変遷を見れば明らかである。

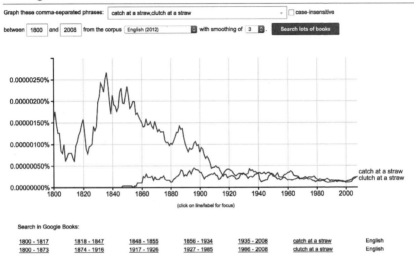

元々は catch at a straw という表現が多く使われていたのだが、1850年頃から clutch at a straw という表現を使うことが増加し、1920 年頃から同程度の使用になり、両表現とも低い使用頻度を維持し続けている。以上のことからもこのことわざは、現在ではほとんど使われなくなっていると判断していいと思われる。

また、straw という単語の意味が、今では「藁」というより、ジュースなどを飲む時に使う「ストロー」の意味で使うのが普通になっていることや、このことわざのテーマになっている、川に落ちた人と流れている藁の情景を思い浮かべることが困難になって来ていることも、このことわざが使われなくなって来ている要因であると思われる。

3．If you run after two hares, you will catch neither.

このことわざは「二兎を追うものは一兎も得ず」という訳語でも知られ非常に有名だが、実際の使用は驚くほど少ないのである。以下の2つの形で使われていたが、今日では If you run after two hares, you will catch neither. という形の方の例がやっと見つかる程度になって来ている。

If you run after two hares, you will catch neither. [1]

He who runs after two hares will catch neither. [0]

(4) ***If you run after two hares, you will catch neither*** - Shaun Woodward MP.

── *Daily Mail* (London), December 29, 1999

（2匹のうさぎを追いかけたら、どちらも捕まえられません。── ショーン・ウッドワード国会議員）

4．Health is above wealth.

このことわざは、「富よりも健康が勝る」と何よりも健康が大事だということを述べる時に使われるが、実際には使用が激減しているのである。この変異形をことわざ辞典で調べてみた。

a）．good health is above wealth [0]

b）．health and good estate of body are above all gold [0]

c）．health before wealth [8]

d）．health is a blessing that money cannot buy [0]

e）．health is above wealth [0]

f）．health is better than wealth [5]

g）．health is great riches [0]

h）．there is no greater riches than health [0]

ⅰ). wealth and strength is above all gold [0]

ⅰ). wealth is nothing without health [0]

── *Dictionary of European Proverbs*, p.878

13. Health is wealth. Vars.:(a) All health is better than wealth.**[0]** (b) Good health is more to be desired than wealth.**[0]** (c) Health is the best wealth. [0] (d) The first wealth is health.**[1]** Rec. dist.: U.S.1st cit.: ca1510 Health and Wealth; US1718 Chalkley, Letters in Works of Thomas Chalkley (1766). 20c. coll.: ODEP362, Stevenson 1100:5.

── *A Dictionary of American Proverbs*, p.289

以上の変異形で使われているものをまとめると、次の3つの形に絞られる。

Health before wealth [8]

Health is better than wealth [5]

The first wealth is health. [1]

例を見てみよう。

(5) ***Health before wealth*** may appeal as a glib expression but when there are bills to be paid and a mortgage to find cancer patients will find they must pay up like everyone else.

── *South Wales Echo* (Cardiff, Wales), September 14, 200

（富より健康ということわざはいい加減な表現だと思われるかもしれませんが、支払わなければならない請求書があり住宅ローンがある場合、がん患者は他の人と同じように支払いをしなければならないことに気づくでしょう）

(6) "To my son, I leave my Big Lexus and the Jaguar. To my daughter,

leave my yacht and \$250,000. And to my brother-in-law, who always insisted that *health is better than wealth*, I leave my treadmill."

―― *The Chronicle* (Toowoomba, Australia), October 1, 2011

（「息子には、車のビッグレクサスとジャガーを残します。娘には、ヨットと \$ 250,000を残します。そして、健康は富よりも優れているといつも主張していた私の義弟にはルームランナーを残します」）

(7) *The first wealth is health.* Ralph Waldo Emerson penned these words recognizing that good health is essential to the prosperity of the American people.

―― *The Washington Times* (Washington, DC), November 2, 2008

（第一の富は健康である。ラルフ・ウォルド・エマーソンは、健康であることがアメリカ人の繁栄に不可欠であることを認識し、この言葉を書きました）

このことわざも、例は見つかるもののだんだんと使用回数が減って来ていることは確かである。

5．ことわざ表現の英米差

　奥津文夫『日英ことわざの比較文化』pp.228-9 には、以下のリストがあがっていて、「④⑤が示す形は主にアメリカで、⑥の形は主にイギリスで使われる表現と考えられる。」と説明している。わかりやすいように各ことわざの後に［英］、［米］と付け加えておく。

1．Man does not live by bread alone. ④⑤［米］［米］
　　Man cannot live by bread alone. ⑥［英］

2．Might makes right. ④⑤［米］［米］
　　Might is right. ⑥［英］

3．A drowning man will catch at a straw. ④［米］
　　A drowning man will clutch at a straw. ⑤⑥［米］［英］

4．A little knowledge [learning] is a dangerous thing. ④⑤［米］［米］
　　A little knowledge is a dangerous thing. ⑥［英］

5．He who laughs last, laughs best. ④⑤［米］［米］
　　He who laughs last, laughs longest. ⑤［米］
　　He laughs best who laughs last. ④⑥［米］［英］

6．The rotten apple spoils the barrel. ④⑤［米］［米］
　　The rotten apple injures its neighbor. ⑥［英］

　ここで、注意しておかなければならないのは、奥津文夫氏の英米の差の判断は、ことわざ辞典によるものだということである。イギリスのことわざ辞典に収録されている形を［英］、アメリカのことわざ辞典に収録されている形を［米］としているのである。本当に、現実に使用されていることわざを使いながらこの結論が正しいかどうかを見ることにする。
　まず、奥津のあげていることわざを新聞記事のデータベースで検索した結果

を示してみる。

1. (a) Man does not live by bread alone. ④⑤［米］［米］　Br 4　Am 12
   (b) Man cannot live by bread alone.　⑥［英］　　　　　Br 8　Am 5

まず、1.の(a),(b)を見ると、予測と違い英米で両方が使われていることがわかる。どちらか一方で使われているのではなく、両方が使われるが(a)はアメリカの方が、(b)はイギリスの方が多いという結果になっている。

2. (a) Might makes right. ④⑤［米］［米］　　　　　Am 129　Br 6
   (b) Might is right. ⑥［英］　　　　　　　　　　Am 26　Br 113

2.に関しても、英米両方で使われている。しかし、この使用頻度の差はかなりあり、(a)はアメリカ中心、(b)はイギリス中心で使われていると言っていいであろう。

3. (a) A drowning man will catch at a straw. ④［米］　　Am 0 Br 0
   (b) A drowning man will clutch at a straw. ⑤⑥［米］［英］ Am 0 Br 0

この3.に関しては、第4章で触れた通り、現在の英語では使われなくなりつつあるもののため、Am 0, Br 0と使用例が見つからないので、何とも判断できない。

4. (a) A little knowledge [learning] is a dangerous thing. ④⑤［米］［米］
   (b) A little learning is a dangerous thing.　　　　Am 13　Br 9
   (c) A little knowledge is a dangerous thing. ⑥［英］　Am 18　Br 35

この4.に関しては、紛らわしい書き方をしている。奥津によると、④⑤にknowledgeとlearningを使ったことわざが両方載せられていたため、(a)の

ような書き方をしているとのことだ。わかりにくいので、（ｂ）と（ｃ）を比べて見た。これでわかるのは、英米で両方とも使われるが、どちらかというとアメリカでは（ｂ）の方が、イギリスでは（ｃ）の方がよく使われると判断できる。

5．（ａ）He who laughs last, laughs best. ④⑤［米］［米］　　Am 5　Br 2
　　（ｂ）He who laughs last, laughs longest. ⑤［米］　　Am 0　Br 34
　　（ｃ）He laughs best who laughs last. ④⑥［米］［英］　　Am 0　Br 0

この5．に関して言うと、はっきり言えるのは（ｂ）はイギリスでしか使われないということだ。（ａ）に関しては英米どちらでも使われていて、どちらかと言うと、アメリカで使われる方が多いが、ほとんど差はないようである。

6．（ａ）The rotten apple spoils the barrel. ④⑤［米］［米］　Am 0　Br 0
　　（ｂ）The rotten apple injures its neighbor. ⑥［英］　　Am 0　Br 0

この6．のことわざは、現代英語ではほとんど使われないようである。そのため、英米の差を判断できない。

以上の結果を見てもわかるように、ことわざ辞典の記述と実際の用法の間にはかなりのズレが見られるのである。そして、ことわざの変異形を比較して、どちらかがアメリカ英語で使われるとか、イギリス英語で使われるときちんと区別するのは非常に難しいことがおわかりいただけたと思う。

新聞記事のデータベースを使ってことわざの使用を見て行くと、英米の差と言っても、完全にどちらかの表現だけということはほとんどなく、程度の差が見られるというのがほとんどである。そこで、この章では次のように変異形を分類して、その観点から英米の差を見ていきたいと思う。

（ａ）アメリカで主に使われる変異形
（ｂ）イギリスで主に使われる変異形

（c）アメリカでもイギリスでも同程度に使われる変異形

1．表現の英米差

　ことわざ表現の英米差を見る時には、2つのことを見て行く必要がある。1
つ目は、変異形のほとんどないことわざが、アメリカとイギリスとを比べてみ
て、その使用頻度に大きな差が見られる場合、どちらの方がよく使われている
かを調べることである。2つ目は、ことわざに2つ以上の変異形がある場合に、
アメリカとイギリスとを比べてみて、一方の変異形が他の変異形と比べて、ど
ちらかの国での使用に著しい頻度差が見られる場合を探る必要である。以下に、
その2つの場合を見て行くことにする。

1．1．変異形がほとんどないことわざ

　変異形がほとんどないということわざで、英米で使用頻度に大きな差がある
のは非常に限られるが、見つけられないわけではない。例えば、次のことわざ
の頻度を調べてみると、英米で非常な開きがあるのがわかる。ことわざの右に
[　]の中に示した数は、そのことわざが使用された記事の数で、その右に示
してある数は内訳で、Am はアメリカ、Br はイギリス、Aus はオーストラリ
ア、Can はカナダを表していて、Others はその他の国々（フィリピン、アフ
リカなど）で発行された新聞記事で使われたの数を表している。

1．Prevention is better than cure. [1022] Am 9　Br 851　Aus 99 Others 63

　ここには、オーストラリア英語での用例の数もあげてあるが、これを参考に
すると、このことわざはオーストラリアとイギリスが中心で頻繁に使用され、
アメリカでは使われる頻度が少ないことがわかる。イギリス英語、アメリカ英
語、オーストラリア英語で使われた例を順にあげておく。

(1) Obviously ***prevention is better than cure***, but those with existing

84

health problems can also benefit greatly from exercise. Many people, like Jennifer, have reported reduced symptoms or conditions clearing up altogether.

—— *The Journal* (Newcastle, England), August 11, 2011

（明らかに予防は治療よりも優れていますが、すでに健康上の問題を抱えている人でさえも、運動をすることで大きな利益を得ることができます。ジェニファーのように、多くの人の症状が軽減されたり、完全に改善されたことが報告されています）

(2) The conference will be opened by the emperor of Japan. My message on behalf of the United Nations is that ***prevention is better than cure***; that in a world of increasing natural disasters, we can prevent increasing loss of lives and material damage among people who are already poor and disadvantaged.

—— *The Washington Times* (Washington, DC), January 17, 2005

（会議は日本の天皇陛下によって開会されます。国連を代表しての私のメッセージは、予防は治療よりも優れたものであるということです。自然災害が増加している世界では、貧しく恵まれない人々の間で増大する死亡者数や物質的な被害を防ぐことができるということです）

(3) Adopting a ***prevention is better than cure*** approach was also a talking point with respect to issues such as use and abuse of alcohol and cigarettes within communities and restricting the sale or marketing of calorie dense food to children.

—— *The Queensland Times* (Ipswich, Australia), April 9, 2009

（予防が治療よりも優れているというアプローチを採用することは、地域社会における、アルコールやタバコの使用や乱用、子供へのカロリーの高い食品の販売や宣伝の規制問題についての論点でもあったのです）

2．a. Charity begins at home. [868] Am 161 Br 607 Aus 41 Can 6

Others 44+9

　このことわざは、「他人に善行をする前に、まず自分と関わりのある人たち
から始めるべきである」という意味で使われるが、上の数字を見ればわかるよ
うに、アメリカでもイギリスでも使われているが、どちらかというとイギリス
で主に使用されていることがわかる。例を以下に示しておきます。

(4) You may have to tie up some financial loose ends. True, if everyone
was as beautifully generous as you, the world would be a better place.
It's a case of ***charity begins at home*** this weekend. Even though,
people may pop round to borrow more than just a cup of sugar.
Daily Record (Glasgow, Scotland), November 30, 2018
（あなたは金銭的にもっと引き締める必要があるでしょう。本当に、誰
もがあなたのように非常に気前がいいのであれば、世界はもっとよくな
るでしょう。でも、このことは、「慈善活動はまず自分の周辺から」そ
れも今週末から始めるべきだという案件なのです。でも、そうしようと
しても、カップ一杯の砂糖以上のものを借りるために誰かがひょっこり
訪ねて来るかもしれません）

(5) While the purposes of Amendment 66 would be laudable in an "up"
economy, ***charity begins at home***. I urge voters in our area to reject
Amendment 66 this year and support "Local Funding of Local
Schools." Amendment 66 can wait.
The Gazette (Colorado Springs, CO), October 10, 2013
（修正条項66の目的は、景気が「上向き」になっているので、称賛に値
するものですが、慈善事業はまず家庭から始めるべきです。有権者には
今年の修正条項66を拒否して、「地元の学校への資金提供」を支持して
いただきたい。修正条項66は急ぐ必要はないのです）

３．Too many chiefs (and) not enough Indians.　[84] Am 12　Br 63　Aus 4
Others 5

このことわざは、「指示する人ばかり多くては、仕事がはかどらない」という意味で使われるが、数字を見れば明らかなように、イギリスでの使用はアメリカでの使用の５倍であり、イギリスで主に使われることわざだと考えていいであろう。例を見ておこう。

(6) In my job over at Pontcanna and in other parks, as a councillor recently uttered in the Echo, there were "*too many chiefs and not enough Indians!*"
—— *South Wales Echo* (Cardiff, Wales), September 25, 2012
（ポントカナなどの公園での私の仕事では、ある議員が最近エコー紙で言っていたように「指示する人が多すぎて、実際に働くが足りない！」のです）

(7) "I think the only recommendations the committee will make when it comes to job cuts is that there are *too many chiefs and not enough Indians*," Gorecki said.
Daily Herald (Arlington Heights, IL), April 1, 2002
（「雇用削減に関して委員会が提案するのは、指示する人が多すぎて実際に働く人が足りないということだけだと思う」とゴレッキ氏は述べた）

４．Every cloud has a silver lining.　[701] Am 33　Br 620　Aus 36　Can 1
Others 11

このことわざは、「どの雲にも銀色に輝く裏地がついている」→「どのような灰色の雲にも銀に輝く光がある」→「悪いことが起こっても、その彼方に希望が必ずある」という意味で使われるのであるが、使用頻度を見ると、圧倒的

にイギリスで使われる方が多いようである。例をあげておく。

(8) *Every cloud has a silver lining* and despite the wet and windy weather that has cast a shadow over the bank-holiday weekend it has not been all bad news for Wales's tourism industry.

―― *Western Mail* (Cardiff, Wales), May 5, 2003

（どんな雲にも明るい兆しがあると言われていて、祝日の週末には雨と風の強い天候が影を落としていますが、それがすべてウェールズの観光産業にとっては悪いニュースというわけではありません）

(9) Because *every cloud has a silver lining*, sunshine is on the way. Drier and clearer conditions are expected as we approach the summer season.

The Spokesman-Review (Spokane, WA), April 19, 2018

（どんな雲にも明るい兆しがあると言われているように、まもなく太陽が照りつけるようになるでしょう。夏本番が近づくにつれ、乾燥した、晴れの天候が予想されます）

1．2．変異形による英米差

　以上のように、国によって1つのことわざの頻度が大きく異なっている場合があることを見てきたが、そのようなことわざはそれほど多くないようである。ところが、1つのことわざのいくつかの変異形が、国によって使われる頻度が異なるというのはよくあることである。以下に、その例を見て行きたい。

5．a. It never rains but it pours. [373]　Am 10　Br 357　Aus 3　Can 0
　　　　　　　　　　　　　　　　　　　　　Others 3

　　b. When it rains, it pours.　[382]　Am 200　Br 82　Aus 19　Can 21
　　　　　　　　　　　　　　　　　　　　Others 60

英米でことわざの形が違うものについては、すでに前著『英語教育に生かす英語語法学』p.35 で触れておいた。It never rains but it pours. ということわざの形は主にイギリスで用いられ、アメリカでは When it rains, it pours. という形が主流である。上の数字を見てもらえば明らかなように、このことわざの使用数の違いほど英米ではっきり分かれているものは他にはないと言っていいほどである。

例を見ておこう。まず、It never rains but it pours. の新聞記事での使用例である。

(10) Mykel and Ruth are on a boat trip, which sounds pleasant enough, until they're forced to fight rip tides. Then their vessel sinks and they're forced to swim to shore - but the nearest dry land happens to have a very angry and active volcano on it. ***It never rains but it pours****...*

—— *Liverpool Echo* (Liverpool, England), July 27, 2012

（マイケルとルースは船の旅に出ており、潮の引き裂きと戦わねばならなくなるまでは十分に楽しそうです。その後、彼らの船は沈み、岸まで泳ぐことを余儀なくされます。しかし、最も近い陸地には非常に怒っているような、活発な火山がありました。泣きっ面に蜂です…）

次に、テレビドラマでの使用例もあげておく。

(11) : Doctor!

Dr. Who: What?! What is that? Gas? Could be gas! Ah......***It never rains but it pours***.

B: We were drilling for oil in the ice. I thought I'd found a mammoth.

—— *Doctor Who*, S7E8

（クララ：ドクター！ ドクター・フー：何だよ？ガスかな？ガスだろ

うな。一難去ってまた一難か。A：油田を探索中に発見したんだ。マンモスかと）

ドクター・フーがソ連の潜水艦の中に時空を超えて移動してきて、怪しまれたが、潜水艦の危機を救ったので、艦長に話を聞いてもらえてホッとしていたら、後ろにガス漏れのような音を発する怪物が迫っているのに気づき、It never rains but it pours. と言ったのだった。

また、上の数字を見れば、オーストラリア英語では両方の変異形が使われていることがわかるのだが、アメリカ英語の形式を使うことが増えてきているようである。両方の例をあげておく。

(12) *It never rains but it pours* for residents in the flood-stricken locality of Bungawalbin.

　　After barely drying out after the last deluge less than a fortnight ago, the residents of the flood-striken area 32km south of Lismore have again had to hunker down in a storm.

── *The Northern Star* (Lismore, Australia), March 31, 2017

（洪水に見舞われたブンガワルビンの地域の住民にとっては、雨が降る時にはいつも土砂降りなのである。ほんの2週間前の大洪水の土地がやっと乾いてきたというのに、リスモアの南32kmの洪水被害地域の住民は、再び嵐の中で避難しなければならなかった）

(13) They say *when it rains it pours* and that has been the case this week for the looming election, with three more potential candidates putting up their hands.

── *Daily News* (Warwick, Australia), January 5, 2012

（雨が降る場合は激しく降ると言いますが、今週の迫り来る選挙にも当てはまり、さらに3人の有力候補者が手をあげています）

上のように、イギリス英語では日本で知られている It never rains but it pours. という形の方が圧倒的に多く使用されている。ところが、アメリカ英語ではこの形で使われることは非常に少なく、次のように When it rains, it pours. という形が主流である。

(14) Sometimes ***when it rains, it pours*** on Wall Street. And next week, forecasters are calling for a flood.

Beginning next Monday, Wall Street will most likely find itself drowning in a torrent of dreary earnings news from some of the nation's biggest banks, marking yet another grim milestone for the troubled financial sector. — *The New York Times*, JANUARY 9, 2008
（ウォール街では雨が降ると土砂降りになることがある そして来週は洪水になるとの予報が出ている。来週の月曜日から、ウォール街は、国内最大手銀行のいくつかからの悲惨な収益ニュースの激流に溺れる可能性が高く、問題を抱えた金融セクターにとっては、また別の厳しい節目を迎えることになるだろう）

テレビドラマでの使用例もあげておく。

(15) Laying in bed, trying to sleep and then I started thinking, "***when it rains, it pours***." — *9- 1 -1*, S2E16
（ベッドに横になって 眠ろうとしたら「ひどいことは重なるものだ」と考え始めたのだ）

6．a. It's no use crying over spilt milk. [31] Am 1 Br 25   Aus 1 Others 4
b. There's no use crying over spilt milk. [27] Am 4 Br 19 Aus 2 Others 2
c. Don't cry over spilt milk. [24]   Am 0 Br 20 Aus 3 Others 1
d. Never cry over spilt milk. [7] Am 1 Br 6

このことわざも、a. のものが日本ではよく知られているが、b. や c. の形式のものもよく使われる。例を見ておこう。

(16) Due to circumstances outside of your control you could miss out on an opportunity you had really wanted to go for. But ***it's no use crying over spilt milk*** now. If you're too late to take up an offer, then you'll just have to come to terms with it and set yourself a whole new set of goals. — *The Mirror* (London, England), June 4, 2012
（自分の力ではどうしようもない状況のせいで、本当に望んでいたチャンスを逃してしまうかもしれません。しかし、今はこぼれたミルクのことで泣いても仕方がありません。依頼を承諾するのが遅すぎた場合は、そのことに折り合いをつけて、自分自身に全く新しい目標を設定しなければならないでしょう）

(17) That's no doubt because the Russian people are so practical. After all, "Snyavshi golovu, po volosam ne plachut" — or, once your head has been cut off, there's no use crying about your hair. Now doesn't that make "***there's no use crying over spilt milk***" seem a little pathetic?
— *The New York Times*, Aug. 20, 1995
（それはロシア人がとても現実的だからに違いない。結局のところ、「Snyavshi golovu, po volosam ne plachut」——つまり、頭を切り落とされたら、髪の毛のことで泣いても無駄だ。これでは、「こぼれた牛乳で泣いても無駄だ」というのは、少し哀れに思えてなりませんか？）

(18) Several adages spring to mind in the aftermath of the controversial finish to Monday night's sensational clash between the Storm and Dragons. One is "***don't cry over spilt milk***", another is "that's the rub of the green", and a third "accept the decision of the referee". But the most noteworthy is "play to the whistle".
— *Sunshine Coast Daily* (Maroochydore, Australia), April 17, 2014

（月曜夜のストーム対ドラゴンズのセンセーショナルな激突に物議を醸
した試合の余波を受けて、さまざまな格言が頭に浮かぶ。一つ目は「こ
ぼれたミルクを嘆くな」、もう一つは「それは幸運だ」、そして三つ目は
「レフェリーの判断を受け入れろ」である。しかし、最も注目すべきな
のは「笛が鳴るまでプレーせよ」だ）

　ここまで見てきて、用例数の比較の数字を見ると、このことわざはイギリス
でよく使われ、アメリカではそれほど使われないということで終わってしまう
のだが、ここで Google Ngram Viewer を使って見ると、興味深い事実が判明
するのである。上であげた a. と b. の形式をイギリス英語でその変遷を見てみ
ると、以下のように、a. の形式が b. の形式より多く使われていて、その傾向
はいまだに続いているのがわかる。

〈イギリス英語〉

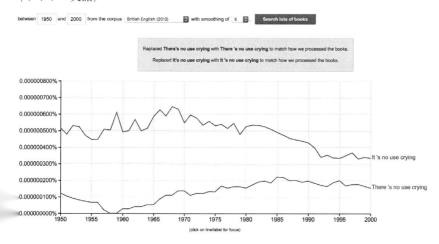

　次に、アメリカ英語で同じことを見てみると、1993年頃から b. の形式の方
が a. の形式より多く使われ出しているのがグラフでわかるのである。

〈アメリカ英語〉

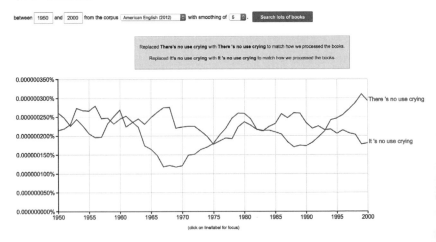

　つまり、結論的に言うと、アメリカでもイギリスでも、It's no use crying over spilt milk. と There's no use crying over spilt milk. の両形式が使われているが、頻度的にはイギリスで使われることの方が多い。さらに、イギリスでは It's no use crying over spilt milk. の方が、There's no use crying over spilt milk. よりも使われる頻度は多いが、アメリカ英語ではこの傾向が逆転してきて、今では There's no use crying over spilt milk. の方がよく使われてきているということになる。

7．a. Where there's smoke, there's fire.［181］Am 102　Br24　Aus 27

　　　　　　　　　　　　　　　　　　　Can 13　Others 15

　　b. There is no smoke without fire.［550］Am 2　Br 543　Aus 1　Others 4

　このことわざは、日本語の「火の無い所に煙は立たぬ」と同じ内容なので、日本人に親しまれているものだが、用例数を見てもらうとわかるように、イギリスでは圧倒的に多く There is no smoke without fire. という形式が使われている。それに対して、アメリカ英語では Where there's smoke, there's fire. という形式の方が主流である。例をあげておく。

94

(19)"Typically, ***where there's smoke there's fire***," Andrzejewski said. "It looked like there was a lot of smoke. We wanted to see if there was any substance underneath it."
— *Daily Herald* (Arlington Heights, IL), July 23, 2012
(アンドルゼジェフスキーは次のように言った。「普通、火の無いところに煙は立たずと言います。大量の煙が立っているように見えたのです。だから、その下に何か物質があるかどうかを確認したかった」)

(20)An allegation, especially of abuse, will ruin the accused person's reputation forever because millions of people wrongly believe the silly old saying that ***there is no smoke without fire***.
— *The Mail on Sunday* (London, England), July 22, 2018
(何百万人もの人々が「火の無いところに煙はない」という愚かな古い格言を間違って信じているため、申し立て、特に虐待に関するものは、被告人の評判を永遠に台無しにするでしょう)

8．a. Heaven helps those who help themselves. [8]　Am 1　Br 6　Aus 0
Can 0　Others 1
b. God helps those who help themselves. [101] Am 32　Br 11　Aus 3
Can 1　Others 54

　God の方はアメリカ英語でもイギリス英語でも使われるが、Heaven の方は、アメリカ英語では1例しか見つからなかった。用例が少ないので、断言することはできないが、このことからアメリカ英語では Heaven helps those who help themselves. ということわざの変異形はほとんど使われないと考えてよいように思われる。

(21)There is an old saying: '***Heaven helps those who help themselves*** and the Government helps the rest.' It is depressing to find spokesmen for one of our biggest industries rushing to place themselves in the second category. —— *Daily Mail* (London), January 12, 2000

（古いことわざに「天は自分を助けようとする者を助け、政府は残りの者を助ける」というものがあります。我々の最大の産業の一つのスポークスマンが急いで 2 番目のカテゴリーに入ろうとするのを見つけると気が滅入ります）

(22) 'That first hour is vital when you have a brain haemorrhage. I have no doubts God had his hands all over me that day. I am convinced of that. The consultant told me that eight of ten people do not survive what I suffered.' The old saying, though, is that ***God helps those who help themselves***. —— *Daily Mail* (London), June 14, 2019

（「脳出血の時は最初の 1 時間が肝心です。疑いなく、あの日は神の手が私を支配していました。そう確信しています。10人中 8 人は私のようには生き残れないとコンサルタントに言われました」昔から言われていることですが、神は自分を助ける者を助けるということです）

(23) Biblically, ***God helps those who help themselves*** and so on, as they say. It is a maxim that, contrary to popular belief, is not Biblical. In fact, it has little but a remote grounding in Christian theology.

—— *The Charleston Gazette* (Charleston, WV), May 9, 2018

（聖書によると、神は自分自身を助ける者を助けるなどと言われています。これは、一般的な信念に反して、聖書的ではない格言です。実際、この格言はキリスト教の神学にはほとんど根拠がありません）

9. a. An ***Englishman's house*** is his castle. [3] Am 0 Br 3

　b. An ***Englishman's home*** is his castle. [231] Am 2 Br 229

　c. A ***man's house*** is his castle. [18] Am 9 Br 9

　d. A ***man's home*** is his castle. [96] Am 49 Br 30 Aus 10 Can 4 Others

このことわざは第 3 章で見た通り、用法の拡張のために Englishman's hom

というのが man's home に変わるという変異形が使われるようになってきている。b. の An Englishman's home is his castle. の例を見ると、ほとんどがイギリスの新聞で使われているがアメリカで使われているのは2例だけだ。この例を見てみよう。

(24) ***An Englishman's home is his castle.*** So it has been said for 400 years, leaving few doubts that when it comes to domestic life in Britain, privacy and property are paramount.
—— *The Christian Science Monitor*, May 18, 2004
（イギリス人の家は自分の城である。400年前から言われていることですが、イギリスの家庭生活では、プライバシーと財産が最も重要であることに疑いの余地はありません）

この例を見ると、アメリカでもこの形が使われているように思えるが、この記事のタイトルを見ると Landowners, Walkers Face off in Tragicomic Struggle, British Style とイギリスのことを書いていることがわかる。さらに、この記事は署名記事であり、特派員のイギリス人 Mark Rice-Oxley 記者が書いていた。つまり、イギリス英語で書かれている記事だとわかるのである。

(25) The ancient adage that ***an Englishman's home is his castle*** got a vigorous defense from the House of Lords last week. —— *The Christian Science Monitor*, May 18, 2004
（イギリス人の家は自分の城であるという古くからの格言が先週、貴族院から猛烈な抗議を受けました）

この記事も、タイトルを見れば British Lords Leap to Quash Bugging とあり、イギリスのことを述べていることがわかる。つまり、イギリスで使われていることわざについて触れていると考えられる。

以上のように、An Englishman's home is his castle. という形はもっぱらイギリス英語で使われていて、アメリカ英語では使われないと判断して良さそうである。イギリス英語の例をあげておく。

(26) But he was entitled to take the necessary steps to protect himself and his property, provided they were lawful. Mr Bhalla said probation officers' report referred to Martin clearly holding the view 'that **an Englishman's home is his castle** and he is entitled to take any steps necessary to secure that.'
—— *The Birmingham Post* (England), May 8, 2003
（しかし、彼には自分自身と財産を守るために、合法的であれば、必要な措置をとる権利があった。ブハラ氏は次のように語っている。保護観察官のマーティンに関する報告書では「イギリス人の家は自分の城であり、それを守るために必要な措置をとる権利がある」という明らかな見解を示しているということである）

(27) IT'S said that **an Englishman's home is his castle** and, for a few days at least, guests at the Langley Castle Hotel can take the old adage literally. —— *Manchester Evening News*, July 10, 2019
（イギリス人の家は自分の城であると言われていますが、少なくとも数日間は、ラングレーキャッスルホテルに宿泊する客は、この古いことわざを文字通りに受け取ることができます）

　（d）の A man's home is his castle. という変異形は、上で示したようにイギリスだけでなく、アメリカ、オーストラリア、カナダなどで、広く使われるようになってきている。例を見ておこう。

(28) **A Man's home is his castle** and, according to a study, his kingdom includes the road outside his front door. —— *The Evening Standard*

(London, England), December 21, 2006
（研究によると、家というのは人にとっては城であり、その人が所有する王国というのは玄関の外の道路を含むということである）

この記事は、他人の家の前に無断で駐車している車についてのものなのだが、A man's home is his castle. という変異形は、このようにイギリスでも最近使われ出している。

(29) The movie taught many life lessons, about sticking it to the man, about standing up for what's right, looking after your family and of course - that **a man's home is his castle**.
—— *The Queensland Times* (Ipswich, Australia), January 11, 2020
（この映画は人生の教訓をたくさん教えています。男に徹すること、正しいことのために立ち上がること、家族のことに気を配ること、そして当然のことなのだが、家というのはその人の城であることなどです）

この例のように、オーストラリアでもこの変異形が使われている。また、カナダでも、次のようにこの変異形が使われている。

(30) The saying goes "**a man's home is his castle**" but here's a chance for a castle to be your home.
—— *The Canadian Press*, October 7, 2019
（「男の家は城である」ということわざがありますが、城があなたの家になるチャンスがここにあります）

10. a. It is easier said than done. [300] Am 29　Br 229　Aus 7　Can 2
　　　　　　　　　　　　　　　　　Others 33
　　b. Easier said than done. [8712] ([3000]　Am 911　Br 1670　Aus 150
　　　　　　　　　　　　　　　　　Can 93　Others 204)

c. It's easy to say, hard to do.［7］Am 6　Br 1

d. Easy to say, hard to do.　[29]　Am 11　Br 4　Aus 11　Others 3

このことわざは日本語の「言うは易く行うは難し」という日本のことわざに相当し、日本人に親しまれているが、a. の変異形はイギリス中心に使われていて、アメリカでは7分の1しか使われていない。しかし、この変異形の文頭のIt is が省略されたbのような変異形は8712例見つかり、あまりにも多いので、そのうちの3,000例を調べてみると、イギリス中心に使われていることがわかるが、アメリカでもイギリスの55% の数の例が見つかった。つまり、このことわざに関しては、アメリカでもイギリスでも使われるが、bのようなIt is が省略された簡潔な変異形の方がアメリカ人に好まれると判断できる。さらに、c. や d. のような変異形はアメリカの方で好まれているようである。例をあげておく。

(31) Our son is not without fault; he has a part to play here and could (and should) tell her in no uncertain terms to curb her behaviour. But when up against such a volatile character *it is easier said than done*. He will put up with things to avoid tantrums.

―― *Daily Mail* (London), January 31, 2015

（私たちの息子に落ち度がないわけではありません。息子にはここで果たすべき役割があり、彼女の行動を抑制するようにキチンとした言葉で彼女に伝えることができるはずです（そしてそうすべきです）。しかし、このような気まぐれな性格に直面した時、それは「言うは易く行うは難し」です。息子は彼女かんしゃくを避けるためにその状況に我慢するでしょう）

(32) When it comes to stopping or even slowing Spring Valley's relentless offense, *it's much easier said than done*.

―― *The Charleston Gazette* (Charleston, WV), September 21, 2018

（スプリング・バレーの容赦ない攻撃を止めたり、遅らせたりすること
に関しては、言うは易く行うは難しです）

(33) Stop stressing about work and take a proper break. ***Easier said than
done!***

── *The Journal* (Newcastle, England), November 25, 2017

（仕事でストレスを溜めるのはやめ、きちんと休憩を取りましょう。言
うは易く行うは難しです）

(34) For now, practical advice about Zika is limited, and mostly of the
"e***asier said than done***" variety. Countries mired in the outbreak are
advising against pregnancy. We are all encouraged to avoid mosquito
bites. Travel advisories are being issued.

── *New Haven Register* (New Haven, CT), January 31, 2016

（今のところ、ジカに関する実用的なアドバイスは限られており、その
ほとんどが「言うは易く行うは難し」というものである。集団発生に巻
き込まれた国々では、妊娠を避けるように勧めている。私たちは蚊に刺
されないようにすることを勧められて、旅行勧告が発令されています）

(35) "I think the guys are always pretty good at that," he said via phone
interview. "You gotta shift gears quick. ***It's easy to say, hard to do***,
but you gotta do it. If we're not able to do that, it'll affect us today and
tomorrow." ── *Honolulu Star - Advertiser*, February 3, 2018

（「彼らはいつもそれをするのがかなりうまいと思う」と彼は電話インタ
ビューで語りました。「素早くギアをシフトしなければならない。言う
のは簡単でやるのは難しいが、やらなければならない。それができなけ
れば、今日と明日に影響が出る」）

(36) The solution, espoused by the panel, is simple: attract more people to
snow sports, work hard to retain them, plug the leaks that siphon
away participants. ***Easy to say, hard to do.***

── *The Washington Times* (Washington, DC), October 22, 2000

（委員会が提唱した解決策は簡単なものです。スノースポーツに多くの人を引き付け、参加者を維持するために努力し、参加者を抜き取ってしまう漏れを塞ぐことです。言うのは簡単だが、実行するのは難しい）

11. a. Seeing is believing. [987] Am 315 Br 578 Aus 46 Can 12
Philippines 15 Others 20
    b. To see is to believe. [37] Am 1 Br 0 Philippines 36

　このことわざは、日本で非常に有名である。「百聞は一見にしかず」という日本語のことわざと同じ意味だということで馴染みがあるようだ。かつては、aとbの形が変異形として日本の教育では教えられていたが、英米では、実際にはa.の形の方しか使われないようになってきているようである。そして、イギリスの方がアメリカより約2倍の頻度で使われている。bの変異形は今ではフィリピンで中心に使われているようである。まず、アメリカで使われている例を見てみよう。

(37) How much more intriguing can one get with a subtitle like that. **To see is to believe.** Even better, this freelance journalist throws himself into the fray and captures quintessential oddball traditions that could only occur in old blighty. Except that the weird activities he describes are the stuff of present day.
—— *The Washington Times* (Washington, DC), May 8, 2005
（そんなサブタイトルでどれだけ興味を引くことができるだろうか。見ることは信じることである。さらに良いことに、このフリーランスのジャーナリストは、戦場に身を投じ、古き良き時代にしか起こり得ない真髄を突いた奇妙な伝統を捉えています。ただし、彼が描写する奇妙な活動は、過去ものではなく現代行われているものなのである）

このように、To see is to believe. という変異形が使われることもあるが、まれである。現在よく使われる方の Seeing is believing. という変異形の例を示しておく。

(38) ***Seeing is believing*** and unless you see it today don't believe it. There are promises being made but you have been here before and have every right to wonder if they are going to be kept. Wait for confirmation, it's coming!

— *The Journal* (Newcastle, England), April 20, 2010

（見ることは信じることであり、今日目撃いない限り信じないでください。約束はありますが、あなたは以前ここに来たことがあるので、それらが守られるかどうかを疑うすべての権利を持っています。確認するために待ってください。来ていますので！）

(39) Reggie Allen calls himself the man of a thousand faces. He's the owner of rooming houses in South Memphis and dreams of being an actor, a cowboy and a bluesman. He is seen showing one of his many comic looks, a bandito. Chris Dean observes: "People say ***seeing is believing*** and when you dream you get to see your hopes. That's why they call it hopes and dreams."

— *The Commercial Appeal* (Memphis, TN), September 30, 2012

（レジー・アレンは自分のことを千の顔を持つ男と呼んでいる。彼はサウス・メンフィスで下宿屋を経営していて、俳優、カウボーイ、ブルース演奏者になることを夢見ているのです。彼は滑稽な無法者の一面を見せていると思われています。クリス・ディーンは次のように述べています。「人々は見ることは信じることであり、夢を見ると希望を見ることができるのです。だから、彼らはそれを希望と夢と呼ぶのです」）

12. a. Don't look a gift horse in the mouth. [87] Am 25 Br 57 Aus 5

b. Never look a gift horse in the mouth. [56] Am 5　Br 49　Aus 2

　このことわざは直接的な意味は「もらった馬の口を見るな」という意味だが、「人から贈り物をされた場合には、粗探しをしたり、不平を言ってはいけない」という意味で用いられる。このことわざも、主にイギリスで使用され、アメリカでは半分以下の頻度である。特に、ｂの方の変異形は、もっぱらイギリスで使用されるようである。例をあげておく。

(40) If they don't attract new supporters, sponsors and commercial partners on the back of this Welsh rugby revival, heads should roll at the regions. You ***don't look a gift horse in the mouth.***
── *Wales On Sunday* (Cardiff, Wales), March 27, 2005
（このウェルシュ・ラグビーの復活で新たなサポーター、スポンサー、商業パートナーを引き付けなければ、その地域で袋叩きになるはずだ。贈り物は素直に受け取るべきだ）

(41) Celtic fan Ian Grant, Falkirk, said: "I was totally against the logic of this Japan trip but if they're making pounds 750,000 it's a pretty good pay day. ***Never look a gift horse in the mouth***, especially since the likes of Derek Riordan need match fitness."
── *Daily Record* (Glasgow, Scotland), August 4, 2006
（セルティックのファンであるイアン・グラント・フォルカークは次のように話しています。「彼らが日本に行くという考えには全く反対だったが、もし彼らが75万ポンドを稼いでいるなら、かなり良い給料だ。贈り物は素直にもらっておくべきで、特にデレク・リオルダンのような選手には試合用の体力が必要なのだから」）

２．意味の英米差

　ことわざの英米での意味の差に関しては、ほとんど論じられたことがないが

鈴木孝夫が『ことばと文化』で A rolling stone gathers no moss. ということわ
ざを扱い、イギリスとアメリカでは正反対の解釈をしていることをあげている。
　その二つの解釈というのは、「転々と仕事を変える人は成功しない」という
意味と「絶えず活動している人はいつも新鮮でいられる」という意味であり、
アメリカでは前者の解釈を、イギリスでは後者の解釈をするというのだ。その
根拠として、ヘッドハンティングなどでいつも職業を転々としたり、次々にい
い家やいい地域に移り住むアメリカの文化が関係していると説明している。
　しかし、奥津（2000：58）には、次のような記述がある。

　　なお、現代ではイギリスでも、特に若い人たちにはアメリカ流の解釈をす
　　る者が多くなってきている。アメリカにもイギリス流の解釈をする人もい
　　る。

ということは、鈴木孝夫が『ことばと文化』を書いた時からかなりの50年近
く経っているので、奥津が述べているように、状況は変わってしまったと思わ
れるが、どうであろうか。それを見て行きたい。まず、Wikipedia の解説を見
てみよう。

Even within English-speaking cultures, there is difference of opinion on
how to interpret the proverb *A rolling stone gathers no moss*. Some see
it as condemning a person that keeps moving, seeing moss as a positive
thing, such as profit; others see it the proverb as praising people that
keep moving and developing, seeing moss as a negative thing, such as
negative habits. —— *Wikipedia*, proverb
（英語圏の文化の中でも、「転がる石に苔は生えない」ということわざをど
う解釈するかは意見が分かれています。苔を利益などのポジティブなもの
として捉えて、動き続ける人を非難していると見る人もいれば、苔を負の
習慣などのネガティブなものとして捉えて、動き続け、発展し続ける人を

　　　　称賛していると見る人もいます）

　これによると、両方の解釈が共存していることがわかる。それでは、具体例を
見ることにより、現状を探ってみよう。

(42)*A rolling stone gathers no moss*: Meaning someone who does not
　　settle in one place will not prosper, this refers to the fact moss is slow
　　growing and doesn't benefit from any disturbance.
　　── *Daily Mail (London)*, July 20, 2017
　　（転がる石には苔が付かない。一ヶ所に定住しない人は繁栄しないとい
　　う意味で、苔は成長が遅く、どんな妨害からも利益を得ないという事実
　　を意味しています）

　この記事では、このことわざの意味を説明しているが、この説明はイギリス
の以前からの解釈を述べているにすぎない。それでは、イギリスではこのよう
に、「苔を利益などのポジティブなものとして捉えて」いるのであろうか。
　しかし、イギリスの新聞の星占いのページで以下のような使い方が見られた。
下線部のところでわかるように、「行動的であるべきだ」という表現の後にこ
のことわざが使われているので、ここでは「苔を負の習慣などのネガティブな
ものとして捉えて」いる。

(43)Virgo Aug 23-Sep 22　After a welcome break it's back to work and the
　　real world. It's all right for a while, but like most Virgos <u>you need to
　　stay active</u> - *a rolling stone gathers no moss*. Suddenly, there is a
　　purpose to your time. It might not quite be business as usual. Though,
　　the day won't be wasted.
　　── *Daily Record* (Glasgow, Scotland), November 14, 2018
　　（乙女座 8月23日～ 9月22日 歓迎すべき休憩の後、仕事と現実の世界に

戻ります。それはしばらくの間は大丈夫ですが、ほとんどの乙女座の人と同様に、あなたは活発に活動し続ける必要があります。転がる石には苔が付かないからです。突然、自分の時間に目的ができることがあります。それは、いつものような必要不可欠なことではないかもしれませんが、一日が無駄になることはありません）

　別のイギリスの新聞の、星占いのページの記事を見てみよう。ここでも、河川を引いた分に注目していただきたい。

(44) Aquarius Jan 21 - Feb 19

　　A rolling stone gathers no moss, as you should soon discover for yourself Aquarius. <u>Try not to rush work issues</u> that are taking place. In fact sleep on any major decisions and don't be afraid to pay for a professional opinion.

　　── *Coventry Evening Telegraph* (England), August 9, 2006

　　（転がる石には苔が付かないということを、水瓶座の人は自分自身で発見する必要があります。今起きている仕事の問題の解決を急がないようにしてください。実際、主要な決定については一晩寝て考えたり、お金を払って専門家の意見を求めることを嫌がらないでください）

　この例では、急がないようにということで、「苔を利益などのポジティブなものとして捉えて」いることがわかる。つまり、イギリスでも両方の解釈が共存しているのである。それでは、アメリカはどうなのだろうか。アメリカの例を見て行くことにする。次の下線部に注意していただきたい。

(45) "I never believed in switching jobs all over the place," Ross said. "It goes back to the idea *a rolling stone gathers no moss*."

　　── *The Florida Times Union*, April 7, 2001

（「あちこちに転職することが素晴らしいとは決して思っていなかったので、転がる石には苔が生えないという考えに戻ることになった」とロスは言った）

　この文を見ればわかるように、ここでは「苔を利益などのポジティブなものとして捉えて」いるのである。アメリカでも、こういう解釈をする人がいるのである。もう一例見てみよう。ここでも、下線部に注意していただきたい。

(46) AQUARIUS (Jan. 20-Feb. 18): *A rolling stone gathers no moss.* <u>Keep the momentum going by</u> using the confidence gained from previous successes to move on to bigger and better triumphs.
── *Tribune-Review/Pittsburgh Tribune-Review*, November 22, 2014
（水瓶座（1月20日〜2月18日）。転がる石に苔は生えません。これまでの成功から得た自信を生かして、より大きく、より良い勝利へと進むことで、勢いを維持しましょう）

　ここでは、「苔を負の習慣などのネガティブなものとして捉えて」いるということが「勢いを維持しよう」という語句から理解できる。つまり、アメリカでも、両方の解釈が共存していることが分かるのである。
　以上のように、意味の英米差を見ようとしても、鈴木孝夫が考察した時のように、アメリカとイギリスでどちらか一方の解釈が優勢であるという証拠が見つからなかった。さらに、ことわざの解釈が英米で異なるという顕著な例も見つけることができなかった。
　表現の英米差で見たように、意味の英米差についても、意味解釈の傾向という観点からじっくり時間をかけて解きほぐして行かないと意味の英米差を捉えることができないようである。

6．Political Correctness とことわざ

　この章では、political correctness によって、ことわざの原形が変化を受けて変異形を生み出しているところに注目したい。一般的に、political correctness で話題になるのは、職業、男女、身体障がいに関する語である。まず、その具体例をみておこう。わかりやすい形で示しているのが Clalre（1998:71-75）である。そのリストを参照しながら、職業、男女、身体障がいに関する語が使われていることわざを見ていきたい。

１．職業に関する語が含まれることわざ
　Political correctness で職業に関して問題になるのは、次のような語である。

Politically Incorrect	Politically Correct
Fireman	fire fighter
Policeman	police officer
Mailman	letter carrier
Salesman	salesperson
Chairman	chair, chairperson
Congressman	congressperson, representative

—— Clalre (1998:72)

　しかし、ことわざに職業名が使われるのは比較的少なく、差別的な含みを持ったものはほとんどないので、ことわざの変異形を生み出してはいないと考えられる。以下に、職業名が現れることわざをあげておく。しかし、以下のことわざの頻度を見るとわかるように、職業名が入っていることわざは頻度が少ないものが多数を占めていることがわかる。

An apple a day keeps the *doctor* away.[218]（1日にリンゴ1個で医者いらず）

Too many *cooks* spoil the broth.[143]

Experience is the best *teacher*.[124]（経験こそが最良の師）

Physician, heal thyself. [101]（医者よ、まず自分自身を治療せよ）

Once a priest, always a *priest*.[8]（一旦牧師になると、ずっと牧師のまま）

Fire is a good *servant* but a bad master.[2]（火は従順な召使にも暴君にもなる）

Let the *cobbler* stick to his last.[1]（靴屋には己の靴型に専念させよ）

Feed by measure and defy the *physician*.[0]（適度に食べて医者にかかるな）

Clergyman's sons always turn out badly.[0]（牧師の息子はろくでなしになるのが常だ）

The *shoemaker*'s son always goes barefoot.[0]（靴屋の息子はいつも裸足で歩く）

Like people, like *priest*.[0]（教区民は牧師に似る）

Nine *tailors* make a man.[0]（仕立屋9人で男一人前）

Love laughs at *locksmiths*.[0]（恋は錠前屋などものともしない）

No one should be *judge* in his own case.[0]（誰も自分の訴訟事件の判事になるべきではない）

The cowl does not make the *monk*.[0]（僧帽を被っただけで修道士になれるわけではない）

The English are a nation of *shopkeepers*.[0]（英国人とは商人である）

The best *doctors* are Dr Diet, Dr Quiet, and Dr Merryman.[0]（最高の医者はドクター食事、ドクター安静、ドクター快活である）

　以上のように、political correctness による職業名に関しての変異形は生まれていないと判断していくいいと思われる。

2. 男女に関する語が含まれることわざ

　男女に関しては、いつも男性を表す語が人類一般を表すことに使われているので、それを変えるべきだと主張されて来た。ことわざには、一般の人を表す時に man を使って来たが、近年、political correctness によってことわざ自体に変化が起きつつある。以下にどう変化が起きているのか見ていきたい。このことについては、Warren (1986) "Guidelines for Non-Sexist Use of Language" に性差別の表現を避けるための4項目が書かれているので、その内容をまとめておく。

1. 総称的な he を以下の方法で避ける

(1) 複数形を用いる

(2) He、his、him を削除する

(3) his の代わりに冠詞の the、a、an を使い、he の代わりに who を使う

(4) he の代わりに one、we、you を使う

(5) everybody、someone などの不定代名詞の使用を最小限にする

(6) 受動態を使う（できるだけ控えめに）

(7) 代名詞の代わりに名詞を使う（できるだけ控えめに）

2. 総称的な 'man' の使用を避ける

(1) man の代わりに person、people、individual(s)、human(s)、human being(s) を使う

(2) mankind の代わりに humankind、humanity、the human race を使う

(3) manhood の代わりに adulthood、maturity を使う

(4) 必要でないならば、総称的な man の使用を避ける

3. Eliminate sexism when addressing persons formally by:

(1) 女性が既婚であるかどうかがわかっていても、Miss、Mrs. の代わりに、Ms を使う

(2) 既婚者の夫の名前に敬称の Mrs をつけるのではなく、その女性の名前の前に敬称を使う（例：Mrs. Herman Lee ではなく Ms. Annabelle Lee

とする）

(3) 男性向きの肩書であっても、それに相当する肩書の Ms.、Dr.、Prof. を
女性にも使う

(4) 手紙で、性別のわからない人に対して Dear Sir や Gentlemen の代わり
に Dear Colleague、Editor、Professor などを使う

4. Eliminate sexual stereotyping of roles by:

(1) 総称の man の代わりに男性と女性に両方に対して同じ語を使う（例：
department chair や chairperson など）対応する動詞を使う（例：to
chair）

(2) lady lawyer、male nurse のような表現を使って、わざわざ問題のない
ことに注目させない

4項目のうちの3番目と4番目の項目はことわざに関しては当てはまらない。
残りの2項目を参考にして、男女に関する語が使われていることわざで
political correctness による変異形が使われるようになってきているのかを調
べていく。

Man proposes, God disposes. [25]

このことわざは、人間全般を表す man が使われているのにそのまま使われ
ていて、他の語による言い換えの変異形が見られない。例をあげておく。

(1) Remember that ***man proposes, but God disposes***. Entitlement? Our
fellow humans are entitled to compassion and understanding.
── *The Spokesman-Review* (Spokane, WA), December 9, 2013
（事を計るは人、事を成すは天ということを忘れないように。権利です
か？私たち人間には、思いやりと理解を受ける権利があります）

Man cannot live by bread alone.[15]

　Man を人間一般に関して用いる事に関しては、女性差別であるという考え
が中心的なものなって来て、最近では man の代わりに people や他の言葉で
言い換えようとする動きが出て来ている。これがことわざにも少しずつ押し寄
せて来ている。このことわざも、man がそのまま使われていて、変異形が新
聞記事では見つからなかった。しかし、以下の例のように、Man cannot live
by bread alone. ということわざの man が置き換えられている例が書物では見
つかったのであげておくことにする。

(2)　Since ***men and women*** ***live neither by bread nor spirit alone***, both
　　 vitally necessary acts of gittin ovuh challenge the human spirit to
　　 "keep on pushin" toward "higher ground. "
　　 ── Geneva Smitherman (2000), *Talkin That Talk: Language, Culture,*
　　 and Education in African America. Routledge, p.199
　　 （男も女もパンや精神だけで生きているわけではないので、ギッティン
　　 オーブという極めて必要な行為は、人間の精神を「高み」に向かって
　　 「押し続ける」ことに挑戦しているのです）

(3)　However, while blacks realize that ***people*** ***cannot live by bread***
　　 alone, they believe that God helps those who help themselves.
　　 ── Geneva Smitherman, *Talkin That Talk: Language, Culture, and*
　　 Education in African America, p.215
　　 （しかし、黒人は、人はパンだけでは生きていけないことを自覚してい
　　 る一方で、神は自分を助ける人を助けてくれると信じています）

(4)　Bread is rich with imagery. There are over 300 references to bread in
　　 the Bible. We are not only taught that ***we*** ***cannot live by bread alone***,
　　 but we are also taught that Jesus is the bread of life.
　　 ── *National Catholic Reporter*, December 26, 1997

（パンには豊富なイメージがあります。聖書の中には300以上ものパンについての言及があります。私たちはパンだけでは生きていけないと教えられているだけでなく、イエス様が命のパンであることも教えられています）

(5) When a New York Times reporter inquired about visiting our class, we asked the students to decide; they were unanimous not only in saying yes but also in requiring that he read the assigned text for the day, Plato's Apology of Socrates. After observing the class, the reporter asked them provocatively why they were studying the classics instead of preparing themselves for jobs. A student shouted back, "***You cannot live by bread alone!***" — *U.S. Catholic*, May 2015
（ニューヨーク・タイムズ紙の記者が授業を見学したいと問い合わせてきた時、学生たちに聞いてみたところ、全員一致で「はい」と答えただけでなく、その日の課題文であるプラトンの『ソクラテスの謝罪』を読んでもらうことにした。授業を見ていた記者が、「なぜ就職の準備をしないで古典の勉強をしているのか」と挑発的に質問した。ある生徒は「人はパンだけでは生きていけない！」と叫び返した）

A man is known by the company he keeps.[11]

このことわざは、Rosalie Maggio, *The Dictionary of Bias-Free Usage: A Guide to Nondiscriminatory Language*, p.177 に取り上げられていて、次のように書かれている。

man is known by the company he keeps, a
people/we/you are known by the company they/we/you keep, one is known by the company one keeps, birds of a feather flock together, we are judged by the company we keep, show me your company and I'll tell

114

you who you are.

つまり、man の代わりに、people/we/you を he の代わりに they/we/you を使う可能性を述べている。そこで、新聞記事の例を見てみると次のように使われている。

> People are known by the company they keep. [4]
>
> We are known by the company we keep. [2]
>
> You are known by the company you keep. [9]

例を見てみよう。

(6) On Aug. 2, the BDN reported that New Jersey Gov. Chris Christie has been invited to preside over a fundraising event for Gov. Paul LePage in Dedham. If ***people are known by the company they keep***, LePage shows up in a bad light.

—— *Bangor Daily News* (Bangor, ME), August 7, 2014

(8月2日、BDN は、ニュージャージー州のクリス・クリスティ知事が、デダムでポール・ルページ知事のための募金イベントの司会者に招かれたと報じた。人は付き合っている仲間によって知られるとすると、ルページ氏は不利な状況に立たされる)

(7) Planned Parenthood denies that Sanger was a racist or an eugenicist, but there's truth to the adage that ***we are known by the company we keep***.

—— *The Washington Times* (Washington, DC), February 5, 2002

(家族計画連盟はサンガーが人種差別主義者であったことや優生学推進論者であったことを否定していますが、「人は付き合っている仲間によって知られる」という格言には真実があります)

(8) Didn't your Mother always tell you, "***You are known by the company you keep***?" Didn't your Mother always tell you "You should be tolerant of everybody, but choose your friends well?"

—— *Daily Herald* (Arlington Heights, IL), October 21, 2008

（あなたのお母さんはいつも「付き合っている仲間であなたのことがわかるのよ」と言ってなかったですか。それから「みんなに寛容であるべきだけど、友達をうまく選ぶべきだよ」と言ってなかったですか）

さらに、man の代わりに person や one も使われている。

A person is known by the company he or she keeps.[2]
One is known by the company one keeps.[3]

(9) We've all heard the phrase that ***a person is known by the company he or she* keeps**, or that birds of a feather flock together.

—— *The Washington Times* (Washington, DC), June 7, 1999

（「人は付き合っている仲間でわかる」とか「類は友を呼ぶ」という言葉は誰でも聞いたことがあるでしょう）

(10)If ***one is known by the company* one keeps**, the specter of the Castros and their protege dictators joining President Obama in denouncing the Honduran military coup is not reassuring.

—— *Daily Herald* (Arlington Heights, IL), July 8, 2009

（付き合っている仲間でその人がわかるのであれば、ホンジュラスの軍事クーデターを糾弾するためにオバマ大統領側に加わったカストロ兄弟とその弟子である独裁者たちの恐ろしさは安心できるものではない）

Time and tide wait for no man.[58]

　このことわざに関して、man のかわりに people や person が使われることはないようで、可能性があるのは、man の代わりに one が使われることである。

　Time and tide wait for no one.[3]

(11)But, as they say, *time and tide wait for no one.* If you can find a way to ride the weekend's inevitable wave, it will take you further than you expect. ── *Daily Mail* (London), May 1, 2020
（しかし、「時と潮は誰も待ってくれない」という言葉があるように 週末の避けられない波に乗る方法を見つけることができれば、あなたを予想以上に遠くへ連れて行ってくれるでしょう）

No man is an island. [386]

　このことわざに関しては、man の代わりに one を使ったり、no one の代わりに nobody を使う変異形が使われつつあるようだ。

　No one is an island. [30]
　Nobody is an island. [4]

(12)Phone a friend and ask for help if you need it. *No one is an island* and often it can make a big difference to accept assistance.
── *Daily Record* (Glasgow, Scotland), April 16, 2020
（必要ならば、友人に電話をして助けを求めましょう。誰も１人ではありませんし、援助を受け入れることによって状況が大きく変わることが多いです）

(13)"When I was young, you could sense *nobody is an island*," said

Garang, who earned a master's degree in development practice and
sustainability at the University of Winnipeg.
── *Winnipeg Free Press*, April 15, 2015
(ウィニペグ大学で開発実践と持続可能性についての修士号を取得した
ガラン氏は「若い頃、誰も1人ではないと感じることができた」と語っ
た)

The way to man's heart is through his stomach. [1]

このことわざに関しては、man の代わりに person や your が使われる変異
形が見つかった。

The way to a person's heart is through his stomach.[1]
The way to your heart is through your stomach.[1]

(14) THEY say the best *way to a person's heart is through their
stomach*.
── *Sunday Mercury* (Birmingham, England), April 19, 2009
(人の心を摑む1番の方法は料理だといわれています。)

(15) If *the way to your heart is through your stomach*, you'll quickly fall
in love with Auckland's local markets.
── *The Daily Mercury* (Mackay, Australia), November 22, 2014
(人の心を摑むにはまずは胃袋からというのが正しければ、オークラン
ドのローカルマーケットがすぐに好きになるでしょう)

Man's extremity is God's opportunity.[3]

このことわざの変異形は、新聞記事には見つける事ができなかったが、次の

ように、雑誌や書物に a person's や your という変異形の例が見つかった。

A person's extremity is God's opportunity.[0]

Your extremity is God's opportunity.[0]

(16) In the fundamentalists' rhetoric that something is sin, and the converse is a striving toward something better: salvation. This process has sometimes been summarized by the statement that ***a person's "extremity is God's opportunity.***" —— *Free Inquiry*, Spring 1993

(原理主義者のレトリックでは、何かが罪であり、その逆は、より良いもの、すなわち「救い」に向かって努力することです。この過程は「人間の窮地は神の出番である」という言葉によって要約されることがあります)

(17) Joining Long and many others who steadfastly proclaimed God's continuing love and presence, Dr. M. L. Jemison, pastor of St. John's Missionary Baptist Church, who served as a volunteer chaplain at the site, echoed the words of the Psalm 46:10: "Be still and know God is able. Be still and know God is sovereign. Be still and know ***our extremity is God's opportunity.*** Be still and know that earth has no sorrow that heaven cannot heal."

—— Edward T. Linentha, *The Unfinished Bombing: Oklahoma City in American Memory*, p. 57

(ロングさんをはじめとする多くの人々が神の継続的な愛と存在を断固として宣言したのに続き、現地でボランティアのチャプレンを務めた聖ジョンズ・ミッショナリー・バプテスト教会の牧師であるM・L・ジェミソン博士は、詩篇46：10の言葉を繰り返しました。「じっとして、神は有能であることを知りなさい。じっとして、人間の窮地は神の出番であることを知りなさい。じっとしていて、地上には神が癒やすことので

きない悲しみがないことを知りなさい」)

He who hesitates is lost [81]

このことわざは、まだそのまま使い続けられているが、he の代わりに he
or she を使う変異形や、文脈に応じて he の代わりに she を使用する変異形が
見つかった。しかし、they を使った例は見つからなかった。

He or she who hesitates is lost. [1]

She who hesitates is lost. [2]

They who hesitate are lost [0]

(18) You are wise to hesitate Joanne, although, in Sugar-land, **he or she
who hesitates is lost!**

── *Sunday Mercury* (Birmingham, England), May 15, 2005

(ジョアン、ためらうのは賢明なことですが、シュガー氏の王国である
この会社では、ためらう者は破滅です！)

(19) Remember, "**He (or to be politically correct) she** who hesitates is
lost". ── *The Morning Bulleti*n (Rockhampton, Australia), August 3,
2009

(「ためらう人（差別的でない言い方をすると女性）は破滅する」という
ことを覚えておいてください)

(20) Most stores take new deliveries constantly: excellent that rails are
always replenished, not so excellent if the cute pinstripe capri pants
you saw last week didn't stick around for long. **She who hesitates is
lost.** ── *The Evening Standard* (London, England), February 2, 2006

(ほとんどの店は絶えず新しく届けられる商品を受け取ります。素晴ら
しいことは、服のかかっている棒には服がいつも補充されていることで

す。そんなに素晴らしくないのは、先週見たかわいいカプリパンツはそ
んなに長く店には置かれていなかったことです。躊躇する人は好機を逃
すのです）

この例のように、女性のことを述べる場合には he の代わりに she が使われ
るという例が見られるようになって来ている。また、he を避けるために具体
的な名詞を使って表現する場合も多くなって来ているようである。

(21) If anything has been learned so far from the 2010 primary election
cycle, it may be that ***the candidate who hesitates is lost***.
── *The Christian Science Monitor*, August 25, 2010
（これまでに2010年の小選挙区から学んだことがあるとすれば、躊躇し
た候補者が負けているということかもしれません）

Everyone has his own taste.[2]

このことわざは、his の代わりに their を使うことによって、男女差別をな
くそうとするようになって来ているようである。

Everyone has their own taste.[12]

(22) **Everyone has their own taste** in wine, but some are unnecessarily
fixated on the price, said Mary Beth Flynn, policy director for SavWay
Fine Wines & Spirits, which coordinated the 17-wine selection for the
festival. ── *Daily Herald* (Arlington Heights, IL), September 11, 2011
（ワインの好みは人それぞれだが、中には不必要に価格にこだわる人も
いると、このフェスティバルのために17のワインセレクションをコー
ディネートした SavWay Fine Wines & Spirits の政策担当部長のメア

リー・ベス・フリンは言う）

Every man has his price.[36]

　このことわざも、上で見たことわざと同じように、every man に対して単数の his で受けるのではなくて、their を使って表現する変異形が見られる。

　Every man has their price.[1]

(23)'***Every man has their price***, you know. And mine is a white Magnum
　　ice cream.' —— *Daily Mail* (London), December 28, 1998
　　（「どんな人でも金額次第で買収できます。私の場合は白いマグナムアイ
　　スクリームです」）

　以上、見てきたように、男女に関する語が含まれることわざに関しては、political correctness の影響が少しずつ増して来ていて、変異形が生まれつつあるようだ。

3．身体障がいに関する語が含まれることわざ
　ことわざに登場する身体に関する語は blind と deaf である。一般的には political correctness ということが叫ばれて以来、英語では blind に代わり vision impaired、deaf に代わり hearing impaired が主に使われるようになってきている。しかし、ことわざの場合、blind や deaf をその表現に代えて使われることがありうるのか。もちろん、そんなことはありえないと思われる。ことわざの簡潔性が損なわれるからである。そこで、実際にどうなっているのかを確認したい。

3.1．blind が使われていることわざ

ことわざで blind が使われているものは、以下のようなものである。頻度順にそれぞれのことわざを見てみよう。

Love is blind. [523]

まず、blind という語の入った、このことわざがこれほどの頻度で使われているのは、blind という語が形容詞として使われているからであろう。また、歌のタイトルで使われていたり、映画や小説の題名などで使われているため、このように多数の使用例があるのだと考えられる。

(24) His letter outlined three main experiments that the company tested: *Love is blind*, or should be; so what's a picture worth?; and the power of suggestion. —— *Pittsburgh Post-Gazette* (Pittsburgh, PA), July 30, 2014

（彼の手紙には、会社がテストした３つの主要な実験が大まかに述べられています。愛は盲目であるのか、またはそうあるべきなのか。そこで、絵の価値とは何か、また、暗示の力とは）

The blind leading the blind. [194]

このことわざは、盲人が盲人を導く。知識や能力のない者が、同じように知識や能力のない者に導かれることを述べているが、blind という語はそのまま使われていて、盲人のことを表している。このことわざの頻度がかなり高いのにも少し驚かされる。

(25) 'Don't forget the Swiss FA had never been in the tournament. It was *the blind leading the blind*.'

—— *Daily Mail* (London), October 17, 2013
（「スイスＦＡは大会に出たことがなかったことを忘れるな。事情がわか
らない人が、事情がわからない人を導いていたんだから」）

(26)"You're getting into a generation of kids who even have parents that have never seen a driver's ed course. You've got *the blind leading the blind*," Fagan said. —— *The Florida Times Union*, January 6, 2011
（「親が運転教習所を見たことがない子供たちの世代になってきている。
事情がわからない人が、事情がわからない人を指導者にしているんだか
ら」とファーガンは言った）

A nod is as good as a wink to a blind horse. [14]

このことわざも、blind が使われているのだが、blind horse と人のことを描
写しているのではないので、そのまま使用されていると思われる。また、次の
例のように曲のタイトルだというのも、使用の一因であろう。

(27)In 1971, the album "A Nod is as Good as a Wink to a Blind Horse" by Rod Stewart and "Faces" was released. The top-20 single "Stay With Me" would come from this LP.
—— *The Canadian Press*, November 7, 2014
（1971年、ロッド・スチュワートのアルバム "A Nod is as Good as a Wink to a Blind Horse" と "Faces" がリリースされた。トップ20入りし
たシングル "Stay With Me" はこの LP からのものである）

In the country of the blind, the one-eyed man is king. [4]

このことわざは、「盲人の国では片目でも見える人が王様になれる」という
内容のものだが、いまだにそのまま使われ続けている。

(28)SOMEONE recently raised the question of how come Newcastle
United are fourth in the Premier League table given the dross they
serve week in and week out. My reply is very simple. ***In the country
of the blind the one-eyed man is king.*** —— *Evening Chronicle*
(Newcastle, England), March 10, 2004
（最近、ある人が「ニューカッスル・ユナイテッドはなぜプレミアリー
グの順位表で4位なのか」という疑問を投げかけてきた。私の答えはと
てもシンプルだ。盲人の国では片目の男が王様だからだ）

この文は読者からの投稿であるので、新聞に載せられても新聞社の責任はあ
まり問われないかもしれないが、次例のような新聞社が発信する記事において
もこのことわざがつかわれている。

(29)The European election results were bad for the Labour Party.
Everyone in politics knew this over a year ago. The press and
television knew that too. Why then is everyone pretending it is news?
Gordon Brown is head and shoulders above his cabinet colleagues. ***In
the country of the blind, the one-eyed man is king.*** —— *Evening
Gazette* (Middlesbrough, England), June 15, 2009
（欧州選挙の結果は、労働党にとってよくなかった。政治に関わる誰も
が1年以上前にこれを知っていた。マスコミとテレビもそれを知ってい
た。なぜ全員、それがニュースであるようなふりをしているのだろう。
ゴードン・ブラウンは、内閣の他の同僚の誰よりも優れています。盲目
の国では、片目の男は王様なのです）

The one-eyed man is a king in the kingdom of the blind.[1]

上のことわざの変異形と思われる、このことわざが使用されている例をあげ

ておく。

(30) "As they say, *'the one-eyed man is a king in the kingdom of the blind,'*" he says. "With my experience, I can do a lot."
— *The Christian Science Monitor*, December 14, 2011
（「片目の男は盲人の王国では王様であると言うように、私は経験があるので多くのことができるのです」と彼は語っている）

There are none so blind as those who won't see. [1]

このことわざは、健常者と視覚障がい者を比べて、健常者でも見ようとしない人は視覚障がい者のように何も見えないのだと述べている。差別的な雰囲気が出ていないことわざなので、このことわざでは blind もそのまま使われていると思われる。

(31) Like the old saying goes: "*There are none so blind as those who will not see.*" The most deluded people are those who choose to ignore what they already know. — *Examiner* (Washington, D.C.), The, August 14, 2014
（古いことわざにあるように「見ようとしない者ほど盲目の者はいない」最も欺かれているのは、すでに知っていることを無視するのを選んだ人たちです）

他にも、blind が使われたことわざは以下のようなものだが、いずれも使用例が見つからなかった。

A blind man's wife needs no paint.[0]
Death is deaf and hears no denial. [0]

Nothing so bold as a blind mare.[0]

There is none so blind as those who won't see.[0]

When the blind lead the blind, both shall fall into the ditch.[0]

Who is so deaf or so blind as he that willfully neither hears nor sees? [0]

3.2. deaf

ことわざの中で、deaf が使われているものは限られている。しかし、英語ではこの deaf という単語は強い差別語だとはみなされていないようで、日常生活でもまだ使われることがある。そのためだろうか、deaf が使われたことわざがまだまだ普通に使われているのを目にする。例を見てみよう。

There are none so deaf as those who will not hear. [5]

このことわざも、健常者と聴覚障がいを持った人とを比べて、健常者であっても聞こうとしないと聞こえないという内容なので、そのまま使われているようだ。

(32) Unfortunately, ***there are none so deaf as those who will not hear***. I worry that politicians no longer 'do' strategy or 'get' how to threaten or use force in support of the UK and its interests.
     —— *The Mail on Sunday* (London, England), May 31, 2015
     (残念ながら、聞こうとしない人ほど耳の聞こえない人はいない。私が心配しているのは、政治家はもはや戦略を「実行」したり、英国とその利益を支援するために武力を脅したり使用したりする方法を「理解」したりすることができないということだ)

(33) The tribunal cost a fortune, ran to thousands of pages and caused one arrest - mine. As my father used always say: '***There are none so deaf as those who will not hear***.'

—— *The Mail on Sunday* (London, England), June 10, 2012

（裁判には莫大な費用がかかり、裁判記録は何千ページにもわたり、1人が逮捕されました。私です。父はいつも次のようなことを言っていました。「聞こうとしないほど者ほど耳の聞こえない者はいない」）

A deaf husband and a blind wife are always a happy couple. [1]

これは差別的な含みを持っていないことわざなので、そのまま使われているのかもしれない。

(34) IF YOU want anything said, ask a man. If you want something done, ask a woman. (Margaret Thatcher) THE trouble with women is that they get all excited about nothing - and then marry him. (Cher) I MARRIED beneath me. All women do. (Nancy Astor) *A DEAF husband and a blind wife are always a happy couple.*

—— *Daily Mail* (London), March 17, 2004

（何か言いたいことがあれば、男性に聞いてください。何かをしたい場合は、女性に尋ねてください。マーガレットサッチャー：女性の問題は、女性が何でもないことにワクワクして、そして結婚することです。シェール：私は格下の男と結婚しました。すべての女性がそうです。ナンシー・アスター：聴覚障がいの夫と視覚障がいの妻はいつも幸せなカップルです）

4．まとめ

以上、PC という観点からことわざの変異形を見てきたが、職業に関する語が入っていることわざは、差別的な職業名は含まれないので、そのまま使われていて、変異形は生まれていない。男女に関する語が含まれることわざは、日常語での political correctness の言い換えと同じように、差別的な語が言い換

えられた変異形が生まれて使用され始めて来ている。しかし、まだまだ従来の差別的な語が含まれたことわざの使用も続けられている。差別的な意味を含むものに関しては使用しないというのが一つの解決策のようである。身体障がいに関する語が含まれたことわざは、差別的な意味が感じられないものは使用され続けているが、差別的な意味を含むものに関しては使用されなくなって来ているようである。実例を観察して、最終的に言えることは、徐々にではあるが、以前から知られていることわざに変化が起きて、新しい変異形が受け入れられつつあるのと、差別を含むことわざは徐々に使用しないようになって来ているということがわかるのである。

7. 文法現象とことわざ

ことわざは現代英語の中で使用されるうちに英文法の変化とともに一部分が変化を受ける。ここにはことわざを見て行くうちに気になった文法的な変化をメモ程度に記録しておくことにする。

1. 否定命令文

すでに第3章で、取り上げたのだが、Count not your chickens before they are hatched. という表現の代わりに、Don't count your chickens before they are hatched. という表現が使われることを見た。つまり、「動詞の原形 + not」の古い形のことわざが、現代の英語の否定命令形の「Don't + 動詞の原形」という形に取って代わられつつある。

2. 受動態と能動態

元々は受動態であったものが能動態になったりすることがことわざの世界でも起こっている。具体的なことわざを見てみよう。

（a）Don't count your chickens before they are hatched. [9]

   → Don't count your chickens before they hatch. [19]

このことわざはすぐ上でも見たのだが、元々は before they are hatched だったのが、before they hatch というふうに使われることの方が多くなってきている。

> While the future price looks better than the last decade, we have two sayings in the bush - ***don't count your chickens before they hatch*** and only a fool predicts sugar prices.

—— *The Daily Mercury* (Mackay, Australia), July 23, 2009
（将来の価格は過去10年間よりも良く見えますが、ブッシュには2つの
ことわざがあります。「孵化する前にニワトリを数えるな」と「愚か者
だけが砂糖の価格を予測する」だ）

　このように、能動態が使われる原因は、hatch にも他動詞用法と自動詞用法
があり、どちらを使っても同じ意味を表すことができるからだと思われる。
元々このことわざでは、他動詞用法で使われていたのが、ことわざは内容が重
要なので、意味が中心に伝わり、それを再現する時に自動詞用法の hatch が
使われるようになったと思われる。また、その方がより単純な表現になるので、
好まれて来ていると考えられる。

（b）First come, first served.
　　　→ First come, first serve.

　このことわざも、上のことわざと同じように、動詞の serve の解釈が関与
していると考えられる。つまり、原形の方は「一番最初に来た人は一番最初に
サービスを提供してもらえる」というように、どちらも省略されている主語は
You であると考えられる。しかし、最近よく使われる変異形の方は、初めの
主語は you だと考えられるが、後の主語は Ⅰ または we だと解釈しているた
めにこのような表現が生まれて来たのだと考えられるのである。

（1）A：No, it's not strange Dr. Yang isn't coming with me. I was available,
　　so I'll take this guy. She'll take the next one. It's ***first come, first
　　serve.*** Everyone wants to get in that OR.
　　—— *Grey's Anatomy*, S7E6
　　（A：ヤン先生が来ないのは別に変じゃない。担当は早い者勝ちよ。誰
　　だって手術に入りたいもの）

132

(2) "You made the mistake of reading the capsule's message. This alone takes you from the ranks of innocent bystander, and classifies you as top secret material. Also, the 101st Fleet wants to borrow our new long-range FXH helicopter. None of the Navy's pilots are checked out on it. You are. And, if an unfriendly nation got it in their heads to try and locate and salvage Uncle Sam's newest and most advanced nuclear sub before we do — it's ***first come, first serve*** in international waters — you're a sitting duck for their undercover agents to kidnap in order to discover the Starbuck's position."

── Cussler, *Pacific Votex*, 29/156

(「君はカプセルのメッセージを読むというミスを犯した これだけで君は無実の傍観者から外され極秘資料として扱われることになる また、第101艦隊が我々の新型長距離ヘリコプターFXH を借りたいとのことだ。海軍のパイロットは誰もチェックアウトしていない。君だけだ。もし非友好的な国がアンクルサムの最新型原子力潜水艦を我々より先に発見し引き揚げようとしたら、国際水域では先着順だ。君は潜入捜査官がスターバックの位置を知るために拉致するカモになるのだ」)

３．関係代名詞

those who という表現が原形だが、those that という表現も登場してきている。先行詞が人か物で who と which の使い分けを考えなくてもならないが、that は考えなくて良いので、アメリカ英語ではかなり普及しているようだが、古くからのことわざにもそれが影響したと思われる。まず、*Dictionary of European Proverbs* で変異形を見て見ることにする。

a)． don't lie still and cry 'God help'

b)． get thy spindle and thy distaff ready, and God will send thee flax

c)． God gives the milk but not the pail

133

d). God helps those who help themselves

e). God protects him who protects himself

f). God reaches us good things by our own hands

g). God sends every bird its food, but he does not throw it into the nest

h). heaven helps them that help themselves

i). help yourself and God will help you

j). help yourself and heaven will help you

k). none can pray well but he that lives well

l). praise the sea but keep to land

m). pray devoutly but hammer stoutly

n). prayer is good, work is better

o). pray to God but keep the hammer going

p). pray to God but pull to the shore

q). pray to God but row to shore

r). the Lord helps those who help themselves

—— *Dictionary of European Proverbs*, p.730

この変異形を見ても、h の them that というものが見られるだけで、those that というのは見られない。最近の傾向だと考えていいようである。実例を 2つあげておく。

(3) I appreciate it, compadre, but I was always taught that **God helps those that help themselves.**

—— *Prison Break*, S3E4

(友人よ、ありがとう！でも、神は自ら助ける者を助けるといつも教えられたのでな)

(4) Evans accepts that if more people are to be attracted to the ground the team have to play better rugby (**'God helps those that help**

134

themselves,' was his quote) and those of us close to the club who appreciate how much effort goes into achieving better rugby are sympathetic. —— *The Birmingham Post* (England), October 1, 2001
（エバンスは、より多くの人がこのグラウンドに魅了されるためには、チームはより良いラグビーをしなければならないと考えています（『神は自分自身を助ける者を助ける』というのが彼の言葉））

4．代名詞の格
　前置詞の目的語なのに主格の代名詞が使われることが現代英語で見られるのだが、その影響でことわざにも変異形が現れてきているようだ。その例を見ることにする。

（a）Everything comes to him who waits.(1)[3]
　　→ Everything comes to he who waits. [28]

このことわざの変異形も見ておこう。

a）. all things come round to him who will but wait [1]
b）. all things come to him who knows how to wait [1]
c）. everything comes, if a man will but only wait [0]
d）. *everything comes to him who waits* [3]
e）. *everything comes to those who wait* [32]
f）. he that can have patience can have what he will
g）. long looked for comes at last
h）. patience brings all things about
i）. patience, money and time bring all things to pass
j）. to him who waits, time opens every door
—— *Dictionary of European Proverbs*, p.307

やはり、d のように、前置詞の後は目的格になっている。e のような to those who という形もあることがわかる。

(5) There's an old saying, "***Everything comes to those who wait***", and so I decided I'd keep waiting.

— *The Morning Bulletin* (Rockhampton, Australia), November 28, 2015

（昔から「待つ者にはすべてが訪れる」ということわざがあるので、私は待ち続けることにしました）

(6) A: I'm telling you, Mick, it's a waste of time.

B: Be patient. He probably hasn't even noticed us yet.

A: ***Everything comes to he who waits.***

B: Yeah?

A: Well, 50 quid says nothing happens till we make it happen.

— *Hustle*, S7E4

（A：ミック、時間の無駄だと言ってるんだ。B：我慢しろ。まだ我々に気づいていないだろう。 A：待つ者にはすべてが訪れる。 B：そうか？ 50ポンドでは実現するまで何も起こらないだろう）

5．文を形容詞化する

アメリカか英語では、文自体をハイフンでつないで形容詞的に使うという傾向がある。それがことわざになると、ハイフンも使わないで形容詞的に使うことが多く見られる。

（a）First come, first serve.

次の例では、ことわざそのものがハイフンを用いて形容詞として system や model という名詞を修飾している。

(7) The paper analyzes three different systems for waiting in line: the usual *first-come, first-serve system*; one in which people are served in a random order, regardless of when they arrive in line; and a backwards-sounding idea called a "*last-come, first-serve system*" that actually serves those who entered the line most recently first. (It's kind of difficult to picture how *a last-come, first-serve model* would work in practice, for example at an airport gate. But it's easier to understand if you think of virtual line, like people waiting for service online or on the phone, where the person who calls in most recently gets served first, as customer service people become available.)

── *Daily Herald* (Arlington Heights, IL), September 13, 2015

(この論文では、列に並んで待つための3つの異なるシステムを分析しています。通常の先着順のシステム、いつ列に着いたかに関係なくランダムな順番でサービスを受けるシステム、そして「最後に来た人が先にサービスを受けるシステム」と呼ばれる、逆向きに聞こえるアイデアです。(例えば空港のゲートなどで、後から来た人が先にサービスを提供されるモデルが実際にどのように機能するのかを想像するのは少し難しいですが、顧客サービス担当者が対応できるようになると、直近に電話をかけた人が最初に対応されるという、オンライン・サービスや電話でサービスを待つ人たちのような仮想の列を考えてみると理解しやすいでしょう))

(b) Never say die.

この例でも、ハイフンを用いてことわざそのもの全体を形容詞として、spirit を修飾している。

(8) LORENZO AMORUSO yesterday insisted Scotland's *never-say-die spirit* can spark a World Cup upset against his countrymen at

Hampden.

— *Daily Mail* (London), September 3, 2005

（ロレンゾ・アモルソは、昨日、スコットランドの「絶対に諦めない精神」が、ハンプデンでの同胞に対するワールドカップの番狂わせに火をつけることができると主張した。）

(c) All's well that ends well.

次の例は、ハイフンを用いずにことわざそのもの全体を形容詞化して その後の kind という名詞を修飾している例である。

(9)　A: I just wish I didn't put her in the middle of all this.

B: Vanessa is an ***all's well that ends well*** kind of girl.

— *Gossip Girl*, S3E5

（A：彼女をこの中に入れたくなかった　B：ヴァネッサは「終わり良ければすべて良し」というタイプの女の子だ）

(d) All work and no play makes Jack a dull boy.

次の例は、ことわざの主部の部分をハイフンを用いず形容化して固有名詞を修飾している例である。

(10) A: You've been doing that a lot — patrolling and sacking. In fact, you've kind of been "***All work and no play*** Buffy".

Buffy: I play. I have big fun. I came here tonight, didn't I?

— *Buffy the Vampire Slayer*, S2E19

（A：君は頻繁に次のようなことをやってるよ。パトロールとか略奪をね　実際のところ、君はずっと「仕事ばかりやって遊びなしのバフィー」

138

だったよ。　バフィー：私は遊んでるよ。とても楽しんでるよ。今夜も、
ここに来てるでしょ？）

(e) You can't teach an old dog new tricks.

次例は、ことわざの後半部分を引用符を用いて形容詞化して名詞 adage を
修飾している例である。

(11) A: Seriously, Charlie, why won't you help him?

Charlie: Because it won't work.

A: You're not embracing the *"old dog, new tricks" adage*, right?

Charlie: I mean, Alan is perfectly capable of learning.

A: Yeah, I know he is.

Charlie: But the whole son-teaching-father dynamic doesn't work for us.

── *Numb3rs*, S6E4

（A：チャーリー　なぜ助けてあげないの？　チャーリー：うまくいかない
からだよ。A：「老犬に新手の技」ということわざを受け入れてないだ
ろ？　チャーリー：アランには学習能力があるよ。A：そう。その通り
よ。　チャーリー：しかし、息子が父親を教えるというダイナミック全
体は私たち２人にとってはうまくかないんだよ。）

このように、ことわざは一つの概念を表しているので、形容化しやすいので
ある。また、その場合にことわざの一部分を取り出すことによって全体の概念
を表すということもよく見られるのである。

8．ことわざの表現形式と使用の実際

　ことわざの使用をじっくり観察すると、完全な形でしか使われないことわざと、ことわざの一部を省略して使われることわざと、ほとんどの場合完全な形ではなく一部分だけが切り取られた形で使われることわざがあることがわかる。以下では、このことわざの使われ方を考察する。

１．完全な形の使用と部分的な使用
　ことわざをよく観察してみると、ことわざの中にはいつも完全に同じ形で使われるものと、一部分を取り出してよく使われるものとがあることに気づく。例えば、Honesty is the best policy. ということわざの使用を見てみると、いつも完全な形で使われることがわかる。例を見てみよう。
　(1) Powers: In any event, your client's gonna be fine. Was that your favor?
　　　Bull: What is it about what we do that makes it so hard to trust
　　　people?
　　　Powers: Excuse me?
　　　Bull: Agree or disagree, ***honesty is the best policy*** in all cases.
　　　Powers: I don't think I understand.
　　　Bull: I'm sure you don't.
　　　── *Bull*, S2E7
　　　（パワーズ：だから。彼女なら大丈夫です。頼みはその件？　ブル：これだから人を疑いたくなる。パワーズ：何です？　ブル：賛否両論あるが、やはり「正直は最善の策」だな。パワーズ：よくわかりません。ブル：君にはね）

　このように、Honesty is the best policy. ということわざは、その一部分を

省略して使われるということがない。これと対照的に、When in Rome, do as the Romans do. ということわざは、後半部分の do as the Romans do の部分が省略され、前半の When in Rome という部分だけが使われることが多い。例を見て見よう。

(2) Lance: You must be Agent Booth's brother.

Jared: Yeah, I'm Jared. You F.B. I?

Lance: F.B.I. Uh, yeah, yeah. Lance Sweets.

Jared: Nice to meet you.

Lance: Capitals?

Jared: Yeah. I know Seeley's a Flyers man. But, hey, *when in Rome, right*?

—— *Bones*, S4E9

(ランス：ブースの弟？　ジャレッド：ああ、君も FBI？　ランス：FBI。まあね。スイーツだ。ジャレッド：よろしく。ランス：キャピタルズ？ランス：兄はフライヤーズ派だが、DC だしな)

この場面は、ジャレッドがワシントン DC に兄を訪ねてきた場面だが、彼がワシントン・キャピタルズのホッケーの観戦チケットを持っているのをランスが見つけ、ジャレッドに尋ねている。それに答えて、「郷に入れば郷に従えというだろう」という意味で、when in Rome, right? と答えている。「兄は、フィラデルフィア・フライヤーズファンだけれど、ここはワシントン DC なので、やはりワシントン・キャピタルズの観戦をしなけりゃ！」ぐらいの意味でこのことわざの一部を使っている。

また、有名なセリフが起源のことわざなどは、そのまま引用され続けられ、完全な形でしか使われないのが常である。Cowards die many times before their death. [13] ということわざは、シェイクスピアのジュリアス・シーザー

のセリフからのもので、臆病者は死にはしないかと怖がるものだということを述べているが、次の例のように、完全な形で使われている。

(3) To illustrate the inspirational effect of Shakespeare's words, MacGregor describes how a copy of his plays was passed between the political prisoners held on South Africa's Robben Island during the apartheid era. Each of the inmates underlined a passage that particularly appealed to them. Nelson Mandela chose a speech of Julius Caesar: ***Cowards die many times before their death***: The valiant never taste of death but once ... That the words of a man who had been dead for nearly four centuries could speak to Mandela would seem to prove the truth of Ben Jonson's famous claim that his fellow playwright was 'not for an age, but for all time'. —— *The Mail on Sunday* (London, England), October 7, 2012

（シェイクスピアの言葉の霊感効果を説明するために、マクレガーは、アパルトヘイト時代に南アフリカのロベン島に収容されていた政治犯の間で、シェイクスピアの戯曲のコピーがどのように渡されたかを説明しています。囚人たちはそれぞれ、自分たちにとって特に魅力的な一節に下線を引いていました。ネルソン・マンデラはジュリアス・シーザーの演説を選んだのです＜臆病者は死ぬのではないかと怖がるものだ。勇敢な人は死を決して味わわないが、ひとたび... ＞約4世紀前に死んだ男の言葉がマンデラに語りかけることができたということは、彼の仲間の劇作家は「その時代のためではなく、すべての時代のために」作品を書いたのだというベン・ジョンソンの有名な主張の真実を証明しているように思われる）

この例からもわかるように、完全な形でこのことわざが使われるのは、ジュリアス・シーザーの言葉を直接引用している時に限られるようだ。

同じように、You can lead [take] a horse to water, but you can't make him [it] drink. [54] ということわざも常に完全な形で使われる。このことわざは、馬を水際まで連れて行くことはできても、馬が水を飲みたがらねば何の役にも立たないということで、誰かが何かをする手助けをしても、その人がやる気がないなら無駄であるということを伝えている。

(4) The people I see know that their diet is terrible and that they are eating too much. The problem is *you can take a horse to water but you can't make it drink*, people do not have the willpower.
── *Western Mail* (Cardiff, Wales), May 17, 2013
（私が診ている人は、食生活がひどくて食べ過ぎていることを知っています。問題は、馬を水辺に連れて行くことはできますが、飲ませることはできないし、その人たちにはそうしようとする意志の力がないのです）

２．一部分だけがよく使われることわざ

　日本語で「噂をすれば影とやら」ということわざはほとんど完全な形で使わず、「噂をすれば」というところで止めて、相手にこのことわざを想起させ、その意味内容をわからせることがあるのは、誰でも知っていることである。このことわざの使い方は、特に対話で顕著に見られる。同様のことが、英語でも見られる。上で見た、When in Rome, do as the Romans do. ということわざは、完全な形で使われることはほとんどなく、When in Rome ... で終わるのが普通である。このように、日本語でも英語でも、ことわざの一部だけが使われることがよくあるのであるが、ことわざは後半部分が略されて、前半部分だけを使う場合だけでなく、後半部分だけを使う場合もある。例えば、Art is long, life is short. ということわざは、大抵の場合、前半部分が省略されて Life is long と使われる。以下で、具体例を見て行きたい。

2．1．前半部分だけ

　ことわざの中には前半だけを使い、そのことわざの全体が伝えるメッセージを相手に伝えるという用法があるのだが、この用法は会話において顕著に見られる。そして、その場合をよく観察すると、単文の場合と複文・重文の場合とによって少し違った特徴が見られる。

2．1．1．単文の主部

　短文の場合は、ほとんど主部だけが使われ、述部が省略される。そのため、この形で使われることわざは非常に有名なものに限られている。

（ a ）Birds of a feather flock together.（10）[114]
　　→ Birds of a feather [2078]*

　このことわざは、同じ羽の鳥は一ヶ所に集まるという意味で、似た者同士は自然と集まることを述べる時に使われる。このことわざは主部の部分だけが頻繁に使われるが、「似た者同士は自然と集まる」という意味を表す文脈だけではなく、ただ単に「共通点を持っている者」という意味でこの語句が多用されている。つまり、ことわざ全体の意味を反映しているのではないことに注目しておくべきである。

（5）George Zimmerman has taken up painting and selling his paintings on eBay. So has Jodi Arias since she has been in prison. Maybe someone should hook these two up. They are ***birds of a feather*** who committed murder. They'd make a good pair.
── *The Charleston Gazette* (Charleston, WV), December 21, 2013
（ジョージ・ツィマーマンは絵画を趣味として初め、自分の作品を eBay で販売しています。ジョディ・アリアス刑務所に入れられて以来もそうです。誰かがこの２人を仲介してあげる必要があるではないでしょうか。

145

2人は殺人犯という同じ境遇ですので。良い夫婦になるでしょう）

（b）Early to bed and early to rise makes a man healthy, wealthy, and wise.
(0) [23]
→ Early to bed and early to rise. (0) [94]
→ Early to bed, early to rise. (3) [133]

このことわざは、日本語では「早起きは三文の徳」にあたるということでよく知られているものだが、完全な形で使われることより主部だけで使われることの方がはるかに多い。

(6) We want to know if all the old proverbs such as "an hour before midnight is worth two after" and *early to bed early to rise*" are true.
── *Liverpool Echo* (Liverpool, England), November 19, 2002
（私たちは、「真夜中の前の1時間はその後の2時間の価値がある」「早寝早起きは人を健康、裕福、利巧にする」などの古いことわざがすべて真実かどうかを知りたいと思っています）

この early to bed early to rise は部分的に使われているが、ことわざ全体の意味を表している。

(7) Detective: You guys got here fast.
Watson: We were already awake when you texted.
Homes: *Early to bed, early to rise.*
── *Elementary*, S3E17
（警部：ずいぶん早かったな。ワトソン：メールもらった時には起きてたので。ホームズ：早寝早起きだからね）

146

　上の用法も、ことわざの一部分を使っているが、全体的な意味を表しているのではなく、「早寝早起き」のところだけの意味で使われている。

（ c ）Too many cooks spoil the broth. [149]

　　　→ Too many cooks [692]

このことわざは、通常、主部の部分しか使われない。以下に例をあげる。

（8）　A: Let me help.

　　　B: *Too many cooks.*

　　　── *The Resident*, S2E4

　　　（A：私も手伝うよ。B：人が多すぎます）

（9）　A: We used to work solo when this all started.

　　　B: Well, we were wrong.

　　　A: You don't worry about *too many cooks*?

　　　B: Nope.

　　　── *Criminal Minds*, S1E15

　　　（A：以前は個人プレーだったな。B：間違いでした。A：多くの捜査員で問題ないか？　A：もちろんです）

2．1．2．複文の主節だけ

　複文の場合、主節だけを使うことがある。この場合の特徴は、下の例からもわかるように、主節だけでことわざ全体の意味を表しているということである。

（ a ）Don't count your chickens before they are hatched. [10]

　　　→ Don't count your chickens. [119]

このことわざは、「ヒナがかえらないうちにひよこを数えるな」、つまり、結

果も出てないうちからうまくいくと考えてはダメだということを伝えることわ
ざである。

(10) Dorneget: What just happened?

　　　McGee: I don't know.

　　　Dorneget: We're the luckiest guys alive.）

　　　McGee: Well, ***don't count your chickens.***

　　　Dorneget: What do you mean?

　　　McGee: Gibbs. Somehow he finds things out.

　　　—— *NCIS*, S9E17

　　　（ドネゲット：どういうこと？　マギー：わからない。ドネゲット：
　　　ラッキーでしたね）マギー：喜ぶのは早い。ドネゲット：なぜだ？　マ
　　　ギー：ギブズは必ず嗅ぎつける）

このように、ことわざの一部を使っているのだが、意味的にはことわざ全体
の意味を担って使われている。

（b）Fools rush in where angels fear to tread. [25]

　　　→ Fools rush in [298]

このことわざは、愚か者は天使でも恐れて近寄らぬところに飛び込んで行く
という戒めを伝えている。

(11) Stock prices are in orbit and amateurs are breaking their piggy banks
　　　to pour money into the market. As ***the fools rush in***, now's the time
　　　for smart folks to take their profits and run.

　　　—— *St Louis Post-Dispatch* (MO), February 6, 1994

　　　（株価は軌道に乗っており、アマチュアは貯金箱を壊して市場にお金を

注ぎ込んでいます。愚か者が急いで株を買っているので、今こそ賢い人が株を売り、利益を得て逃げる時です）

この用法も、（a）と同じく、ことわざの一部で全体の意味を担っている例である。

2．1．3．複文の従属節だけ
前半部分だけが使われる場合でも、複文の場合には従属節全体が使われることが多い。

（a）When in Rome, do as the Romans do.

　→ When in Rome

このことわざは上でも取り上げたが、この部分だけの例がたくさん見つかる。それほど、このことわざの一部だけの用法が定着しているようだ。

(12) A: What's going on security-wise with this place, huh?

B: Well... The usual countermeasures. Nothing we can't handle.

A: Actually, I'm more of a Jack man myself, but **when in Rome**. Thank you, sweetheart.

B: Uh-huh.

── *Leverage*, S2E7

（A：個々のセキュリティはどんな具合だ？ B：ごく普通よ。どうってことない。　A：普段はウイスキーなんだが。　B：どうも）

ここでは、「普通はジャック・ダニエルのウイスキー派なんだけど、ここではみんなに合わせておくよ」と言っている。みんなに合わせてという意味でwhen in Rome が使われている。

(b) When the cat is away, the mice will play. [12]

　　→ When the cat is away

　このことわざは、日本語の「鬼の居ぬ間の洗濯」ということわざと同じ趣旨の内容であるが、このことわざは従属節の When the cat's away がこの部分だけで使われることもあるが、前半部分の when も省略されることがある。例をあげる。

(13) Lori: My mom left this morning for a week. ***The cat's away.***

　　Kyle: You don't have a cat.

　　Lori: No. I mean I can do whatever I want. She's not around to control my life, to tell me who to hang out with.

　　—— *Kyle XY*, S2E7

　　(ローリー：お母さんは今朝から1週間いないよ。猫のいぬ間の洗濯ね。カイル：猫なんか飼っていないのでは？　ローリー：そうよ飼ってないわ。私が言いたいのは、何でも好きなことができるということ。周りにいて、私の人生をコントロールしたり、誰と付き合うべきかなどを言わないのよ)

2.1.4. 重文の接続詞の前の要素

　重文で表現されることわざの数は多いが、等位接続詞の前までで、残りを省略するということが頻繁に行われている。

(a) Talk of the devil and he is sure to appear. [0]

　　Speak of the devil and he is sure to appear. [0]

　　→ Talk of the devil [32]

　　→ Speak of the devil [48]

　このことわざは、日本語の「噂をすれば影がさす」と同じようなことを述べているので、日本人にもよく知られている。ことわざ辞典で変異形を調べてみても、データベースを検索すると、よく使われるのは前半部分のみの表現であることがわかる。

　　b）．speak of the devil and he is sure to appear [0]
　　e）．talk of the devil [32]
　　f）．talk of the devil and he is sure to appear [0]
　　g）．talk of the devil and he will appear [0]
　── *Dictionary of European Proverbs*, p.1157

　例を見てみよう。この、Talk of the devil という表現は、ことわざ全体の意味を表している。

(14)'Nothing structural,' Brenda added quickly, 'but we will be digging up the garden, because Brian wants to lay a patio. Ah, ***talk of the devil***!' Elaine's eyes widened in surprise as an elderly man in a flat cap and heavy tweed overcoat shuffled down the hall towards them.
　── *The People* (London, England), April 26, 2015
（「構造的なものは何もないのよ」とブレンダはすぐに付け加えた。「でも、ブライアンが中庭を作りたがっているから庭を掘り起こす予定よ。あ、噂をすれば！」平べったい帽子をかぶり、重たいツイードのオーバーコートを着た年配の男性が廊下を 2 人に向かってき歩いて来たので、エレーンは驚いて目を見開いた）

(15)Though you remain uncertain about others. Never mind. Meanwhile, enjoy the respite while you can. Life could be good as this week begins, providing you block anyone who wastes your time. ***Speak of***

151

the devil.

── *The Journal* (Newcastle, England), February 26, 2018

（あなたは周りの人たちについては不確かなままですが、気にしないで。その間、できる限り休息を楽しんでください。あなたの時間を無駄にしてしまう人をブロックすれば、今週が始まるとともにあなたの人生は良くなるでしょう。噂をすれば、ほらそこに！）

２．１．５．対句の最初の部分だけ

　ことわざの中には、対句的に使われるものがある。その中で前半の部分だけで使われることわざがある。

（ a ）To err is human, to forgive divine.

　このことわざは、人なら間違いを犯すもので、それを許してくれるのは神であると述べている。このことわざは、最初の部分の To err is human. だけでよく使われる。

(16) Everybody makes mistakes, ***to err is human*** after all, but it is vital that there is a learning culture and supportive environment to prevent scapegoating of individuals.

── *Western Mail* (Cardiff, Wales), January 14, 2019

（誰もが間違いを犯す、間違いを犯すのは人の常ですが、個人が犠牲になることを防ぐためには、学習文化や支援環境があることが重要です）

２．１．６．比較級の文の than 以下の省略

　比較級の表現があって than 以下が省略される。これは、英語では普通に行われることなので、ことわざのこのような使い方は自然である。

(a)It's better to be lucky than good. (0) [127]

    → It's better to be lucky

　このことわざは、ことわざ辞典などの収録されていないが、頻繁に使われていて、ことわざだと判断していいようである。「単にいい人より、幸運な方がいい」という意味で使われる。

(17)Garry Kasparov, who presently remains well known as a political activist, is a Russian chess grandmaster and former world champion who is considered by many to be the greatest of all time. He has written at length about his own game, about politics and about life itself, but perhaps he was speaking also of the game of bridge, with these words: "The phrase '***it's better to be lucky than good***' must be one of the most ridiculous homilies ever uttered. In nearly every competitive endeavour, you have to be damned good before luck can be of any use to you at all.'" — *Winnipeg Free Press*, May 12, 2018
（現在も政治活動家としてよく知られているギャリー・カスパロフは、ロシアのチェスのグランドマスターであり、元世界チャンピオンであり、多くの人が史上最高の棋士であると考えている。彼は自身のゲームについて、政治について、そして人生そのものについてかなり詳しく書いていますが、おそらく次のような言葉で、ブリッジのゲームについても語っていたようです。"It's better to be lucky than good " というフレーズは、これまでに口にした中で最も滑稽な格言の一つに違いありません。ほとんどすべての競技において、運が役に立つにはその前に、あなたは本当の善人でなければならないのです）

(18)"***It's better to be lucky***," Crummie said. "I can even feel in my heart what (Moon is) feeling because I've been there."

　　— *Tribune-Review/Pittsburgh Tribune-Review*, February 23, 2008

（「運がいい方がいい」とクルミーは言った。「私はそこにいたからこそ、
（ムーンが）何を感じているのか、心の中でさえ感じることができる」）

(19)Friedel said: 'On days like this *it's better to be lucky.*

── *The Birmingham Post* (England), June 15, 2002

（フリーデルは「こういう日はラッキーな方がいい。」

2.2. 後半部分だけ

　ことわざの中には、後半部分だけだよく使われるものもある。以下にはこと
わざの後半部分だけがよく使われることわざを取り上げて見て行こうと思う。

2.2.1. 対句的なものの前半が省略される

　対句的なもので前半が使われて後半が省略される例は上で見たが、実は、後
半が使われて、前半が省略されることわざもある。

（a）Art is long, life is short. [2]

　　→ Life is short [1133]

　このことわざは、人の一生は本当に短いので悔いのないようにしようという
場合に使われる。会話の中だけでなく、文章の中でも後半部分だけでよく使わ
れる。まず、会話で使われた例を見よう。

(20)Dr Glassman: I think I know you. And, sure, we could go out on
another date and another date after that and more dates after that,
but *life is short* and getting shorter, and I want to spend whatever
time I have left with you.

── *The Good Doctor*, S2E18

（グラスマン医師：君のことはわかってるよ。確かに、またデートでき
るし、その後も、もっとデートをすることもできる。でも、人生は短い

154

んだよ。どんどん短くなっていく。残された時間を君と一緒に過ごした
いんだ）

次に、新聞記事で使われた例を見てみよう。

(21) Here's why I bring this up. The die is cast, for you and me. Sometimes
life makes this especially clear. A relationship or job or time of life or
medical treatment is at an end. But always, *life is short* and we are
fragile. Even at our smartest and strongest, our strength and
understanding are limited and will end.
── *News Sentinel*, April 4, 2018
（これを持ち出した理由は次のようなものです。あなたにも私にも、生
死のサイコロが振られ、時々人生はこのことを特に明確にするのです。
人間関係、仕事、人生の時間、医療などが終わりに近づいています。そ
して、常に人生は短く、私たちはもろいのです。どんなに賢くて強くて
も、私たちの強さや理解力には限界があり、終末が来るのです）

このことわざは話し言葉だけでなく書き言葉においても後半部分を用いて使
われることが非常に多いのである。それは、このことわざの右に示した新聞記
事での使用回数からも明らかである。

（b）Speech is silver, silence is gold(en). [2];
　　→ Silence is gold(en) [730]

このことわざは、発言するのは重要だが何も言わないのが賢明な時もあると
いうことを述べる場合に使われるが、後半部分の Silence is golden. だけで使
われることが非常に多い。

(22) The book begins with some solid life lessons learned by the CEO in her childhood: Know what you really want. Listen and observe. Think before you speak. One word less. When there's a prolonged pause in an offer, the person speaking first generally loses. ***Speech is silver; silence is golden.*** — *Daily Herald* (Arlington Heights, IL), January 31, 2005

（本書は、ＣＥＯが幼少期に学んだ確かな人生訓から始まります：自分の本当に望むものを知ろう。耳を傾け観察しなさい。話す前に考えなさい。一言少なくせよ。提案時に長いポーズがある時、最初に口を開く人は普通負けてしまう。スピーチは銀であり、沈黙は金である）

(23) There is a time when, if you haven't got anything constructive to say, ***silence is indeed golden.***

— *Western Mail* (Cardiff, Wales), August 22, 2005

（建設的な発言がない場合、沈黙は本当に金の時があります）

2.2.2. 文の述部だけ

ことわざの中には文の述部だけを取り出して使用するという用法がある。

（a）You cannot have your cake and eat it. (0) [242]

　　… have your cake and eat it (6) [791]

このことわざは、他のことわざと違い、述語動詞のを含んだ後半部分がよく使われるという特徴を持っている。上で示した頻度の違いを見ると、この特徴がはっきりしている。原形のものと、部分的に使われているものの例文を見てみよう。

(24) Castle: So you're canceling your trip?

　　Alexis: Well, when I'm studying, I'll want to be on the beach with the girls, and when I'm on the beach, I'll feel guilty for not studying.

Grandmother: Well, don't look at me. I'm from the "***have your cake and eat it, too***," school of decision making. I say, do both.

── *Castle*, S2E22

（キャッスル：旅行に行かないのか？アレクシス：でも、勉強している時、旅行が気になっちゃいそう。祖母：私を見ないで。『両方楽しむ』派だから。私のアドバイスは、両方やりなさいですよ）

(25)"Property is a '***have your cake and eat it*** situation' with everything that older, asset rich investor could want, with steady, reliable income which can be taken in the most tax efficient way," he says. ── *The Birmingham Post* (England), February 22, 2007

（「不動産は、最も税効率の良い方法で取得できる安定した信頼性の高い収入で、年配の資産豊富な投資家が望める『一石二鳥のもの』です」と彼は言っています）

この用例では、'have your cake and eat it situation' とことわざの一部を形容詞化して使っている。ことわざ全体の意味を反映しているのではなく、「両方望めること」を表している。さらに、cake and eat it の部分だけがが取り上げられることもある。

(26)Booth: Hey, Bones, I 'm thinking here.

Brennan: Thinking about what exactly?

Camille: Well, it's a pickle. The platform's a crime scene, but we need to access it to investigate the crime.

Angela: A "***cake and eat it too***" situation.

Zack: Well, is it a cake or a pickle?

Hodgins: It's Schrodinger's Cat.

Zack: That I understand..

── *Bones*, S3E15
（ブース：今考え中だ。ブレナン：何を考えてるの？　カミル：ジレンマね。入らなきゃ調査は無理。でも入れない　アンジェラ：両方が望まれる状態ね。ザック：どういう意味？　ホジンズ：シュレーディンガーの猫と同じだ。ザック：ならわかる）

　このように、一部分が取り上げられる時は、一まとまりになり、この例のように形容詞化して名詞を修飾することが見られる。

(b) Don't put the cart before the horse [19]
　　→ put the cart before the horse [340]
　　→ the cart before the horse [700]

　このことわざは「本末を転倒するな」という意味で使われるが、述部だけで使われて「本末を転倒する」という意味で、目的語以下だけで使われて、「本末転倒していること」という意味で使われる。

(27) "I'm also concerned that when we work out that something is wrong
　　we won't have the capacity to change the zonings. This is not the fault
　　of our council staff but I do think the "[approximately] one size fits all'
　　approach **puts the cart before the horse**."
　　── *Coffs Coast Advocate* (Coffs Harbour, Australia), July 12, 2010
　　（私はまた、何かがおかしいとわかった時に区域を変更することができ
　　ないのではないかと心配しています。これは議会のスタッフのせいでは
　　ありませんが、「すべてのことを（ほとんど）一つで済ます」やり方は、
　　本末転倒していると思います）

　このことわざも、述部だけでなく、目的語の部分以下だけで使われることも

多い。

(28) Man: What difference does that make?

Columbo: Oh, big difference. He heard the shots first, then the alarm. That's **the cart before the horse**. I mean, how could the alarm wake you if the shots came first? You see, what really happened was... your brother came walking in here just the way I did tonight, and you shot him, and then you set the alarm a few seconds later.

（男：それが何か？　コロンボ：大問題だ。彼は銃声の後で警報を聞いた。順序が逆だ。撃ってから警報で目覚めた？実際には、お兄さんがドアから入って来たので、彼を撃ってから警報を鳴らしたんだろ）

(c) Do not throw [cast] pearls before swine. [0]

　　→ not to cast pearls before swine

　　→ pearls before swine

　このことわざは日本語の「豚に真珠」ということわざと対比されて、よく知られているが、用法として興味があるのは、原形は否定命令文であるが、その Do の部分が省略され、平叙文の中に入れられて not to cast pearls before swine のように使われるということだ。

(29) Not mockers, of whom he knew there would be many. Which is why he also told his disciples **not to cast pearls before swine**.

── *Daily Herald* (Arlington Heights, IL), August 5, 2013

（嘲笑する人たちではなく、その中には多くの人がいることをイエスは知っていました。それで、価値のわからない者たちに貴重なものを与えないように弟子たちに、言ったのです）

さらに次例のように、perlas before swine が名詞として使われている。

(30) There's been a lot of press speculation as to whether Pulp is just too quintessentially British to break on American shores. But if this English sextet doesn't break here, it will be because today's rock "lyricism" is at an all-time, mind-numbing low, and Pulp singer-songwriter Jarvis Cocker's highly-personal slice-of-life pop songs will land over here as so many *pearls before swine*.

── *St Louis Post-Dispatch* (MO), March 21, 1996

（パルプが英国的でありすぎてアメリカでブレイクすることができないのではないかということに関しては、多くのマスコミの推測がありました。しかし、このイギリスの六重奏団がアメリカでブレイクしないとしたら、今日のロックの「叙情性」が心を疲弊させるほどの低水準にあるからであり、パルプのシンガーソングライターであるジャービス・コッカーの非常に個人的な実生活の断片を扱ったポップ・ソングは、豚に真珠のようにアメリカに上陸することになるでしょう）

このように、ことわざの一部分が概念化して、名詞として扱われることは有名なことわざに関してはよく起きる現象である。

2.3. 特別な省略のされ方

(a) Curses, like chickens, come home to roost. [0]
　　→ Chickens come home to roost. [120]

このことわざの場合は非常に特殊で、途中に挿入された句の主語を主語として用いるという変異形である。まず、普通に原形で使われた例です。

(31) What man says of others will be said of him, and what he wishes for another, he is wishing for himself.

"Curses, like chickens, come home to roost."

—— Florence S. Shinn, *The Game of Life and How to Play It*, p.20 (2012)

（人が他人のことを言うことは、結局、自分のことを言うことになる。他人に望むことは 自分自身に望むことなのだ。「呪いはニワトリのようにねぐらに帰ってくるのですよ」）

次は、挿入句の主語が全体の主語になった例だ。

(32) We form bad habits throughout our lives and unfortunately in our old age "the **chickens come home to roost**. So the bad habits we form (and excuse) earlier in life become virtual millstones around our necks in old age. I'm 74 so I know.

—— *The Charleston Gazette* (Charleston, WV), June 27, 2019

（私たちは生涯を通じて悪い習慣を作り、不幸にもそれが老年期には「ひよこと同じで戻ってくる」のです。だから、人生の初期に身につけた（と言い訳している）悪い習慣は、老後には悩みの種になります。74歳なので体験しています）

以上、一部分だけがよく使われることわざをその形式から分類し、意味などを見て来たが、一般的に次のようなことが言えると思われる。つまり、ことわざの後半を省略する場合には、この前半の語句はことわざ全体の意味を反映するが、ことわざの前半を省略して後半だけを使う場合には、この語句はことわざ全体の意味を反映しないようなことが多く、その語句の意味だけを表す事が多い。

9．使用頻度から見たことわざ

　第1章でも述べたが、英語ではどのことわざが、がどれくらいの頻度で使われているかに関しては、客観的に調べたものがなかった。その理由として考えられるのが、いくらコーパスが大規模になったとはいえ、ことわざの使用頻度はそんなに高くなく、それを数値化して比較することが難しいのである。本書では、コーパスではなく、新聞記事のデータベースというものを使い、その資料の多さをうまく利用して、ことわざの頻度を比較することにした。学問的な観点からすると、資料が偏りすぎだという批判が出るかもしれない。確かに、英字新聞というジャーナリズムで使われることわざの頻度を比較しているので、ジャーナリズムだけに言えることが多いかもしれない。しかし、日常生活でそれだけ多く目にすることわざは、人々の常識になっていると思われるのである。そのため、ジャーナリズムでしか使われないという批判は的外れかもしれず、案外、現代の英語のことわざの実態を反映していると言えるかもしれない。

1．ことわざのリスト
　英語新聞記事のデータベースがあったとしても、その資料を使ってどのようなことわざを検索して行けばいいのかが問題になる。闇雲にことわざ辞典にあげられていることわざを片っ端から検索して行くというのは、非常に大変な作業になり、膨大な時間がかかる割には収穫が少ないと予想できる。そこで考えたのが、代表的な誰にも知られていることわざのリストを作って、そのリストにあげられたことわざを一つずつデータベースで検索し、用例を確認して行くことにしたのである。

　まず、中心的に採用したのが、奥津文夫(1988)『英語のことわざ』と奥津文夫(2000)『日英ことわざの比較文化』である。奥津文夫(1988)『英語のことわざ』の p.187 に Ridout & Witting, *English Proverbs Explained* などに基づき

163

「現代英米人の常識となっているような、最もよく知られたことわざ150」というのがあげられている。このリストは、後年、改定され、奥津文夫(2000)『日英ことわざの比較文化』の p.225 に「現代英米人の常識となっているような、最もよく知られたことわざ220」(p.227) として掲載されている。この2冊の本に加えて、矢野文雄(1980)『知っておきたい英語の諺』のリストも付け加えた。また、それに Collis, Harry (1992) *101 American English Proverbs.* に掲載されている101 のことわざを加え、長井氏最（編）伊藤健三（改訂）(1987)『英語ニューハンドブック』第4版が「比較的よく知られている」とあげている121のことわざのリストを追加し、インターネットに掲載されている 50 Common Proverbs in English（https://www.engvid.com/english-resource/50-common-proverbs-sayings/）のリストも入れて、原型と変異形は一つにまとめて、すべてのことわざをアルファベット順に並べ替えて、リストを完成した。重複したことわざをまとめ直すと、合計328のことわざのリストになった。さらに、研究を進めるうちに、このリストにはないのだがかなり頻度が高いと思われることわざ3つを追加し、331の英語のことわざリストになった。このリストは本書の最後に【ことわざ索引】のところに、アルファベット順に並べてある。

2．ことわざの頻度を調べて

　合計331の英語ことわざが英字新聞記事の中でどのくらいの頻度で使用されているかをその実数で示し、その結果を頻度順に示したのが以下の表である。驚くのは、使用頻度が高いことわざと使用頻度が低いことわざの使用回数の差があまりにも大きいことだった。一番頻度の高いものは1万回に達するほど使われているのに、頻度の低いものは全く使われていないということだった。ここで、少し注意しておかなければならないことがある。新聞記事なので、リードのところにことわざが多用されることがあることと、ことわざがテレビドラマのタイトルや映画のタイトルで使われていることと、団体や会社の名前に使われていることである。本書では、それを詳細に見て行く作業を行っていない

ので、ことわざの大衆への浸透度と受け取ってもらえればいいのではないかと
考えている。

1	First come, first served. [9850]/ ... serve. [1487]	11337
2	Easier said than done. [8712]/ It is easier said than done. [300]/ It's easier said than done. [1016]/ It is easy to say, hard to do. [7]/ asy to say, hard to do. [29]	10064
3	It is easier said than done. [300]/ Easier said than done. [8717]/ Easy to say, hard to do. [29]	9046
4	Never say die.	6911
5	Better late than never. [2615]/ It is better late than never. [54]	2669
6	Actions speak louder than words. [1711]/ Action speaks louder. [244]	1955
7	Time flies.	1869
8	There's no place like home. [1397]/ There is no place like home. [297]	1694
9	If it ain't broke, don't fix it. [1477]/ If it isn't ...[66]	1543
10	Practice makes perfect. [1510]/ Use makes perfect. [2]	1512
11	Out of sight, out of mind.	1379
12	No man is an island. [334]/ No one is ... [30]/ No man is an island entire of itself. [52] /No one is ... of itself. [941]	1357
13	No pain, no gain. [1204]/ No pains, no gains. [1]/ No gain without pain. [153]	1354
14	Live and let live.	1318
15	Every little helps.	1224
16	Knowledge is power.	1159
17	Art is long, life is short. [2]/ Life is short. [1153]	1155
18	Old habits die hard.	1088
19	Like father, like son.	1072
20	An eye for an eye, and a tooth for a tooth. [105]/ An ey for an eye or a tooth for a tooth. [16]/ An eye for an eye. [908]	1029
21	Seeing is believing. [987]/ To see is to believe. [37]	1024
22	Prevention is better than cure.	1023
23	All's well that ends well.	1009
24	Live and learn.	998
25	Boys will be boys.	997
26	Time is money.	910
27	Charity begins at home.	868

28	It takes two to tango.	820
29	It never rains but it pours. [373]/ When it rains, it pours. [382]	755
30	All good things must come to an end.	745
31	Speech is silver, silence is golden. [2]/ Speech is silver. [4]/ Silence is golden. [726]/ Speech is silver, silence is gold. [2]	734
32	Waste not, want not.	734
33	If you can't beat 'em, join 'em. [331]/ If you can't beat them, join them. [401]	732
34	There is no smoke without fire. [273]/ There's no smoke without fire. [277] / Where there's smoke, there's fire. [135]/ Where there is smoke, there is fire [46]	731
35	There is no time like the present. [280]/ There's ...[449]	729
36	Every cloud has a silver lining.	701
37	Good things come to those who wait.	664
38	Let bygones be bygones.	656
39	There's no such thing as a free lunch. [352]/ There is no ... [287]	639
40	Better safe than sorry. [615]/ It is better safe ...[10]	625
41	The grass is always greener on the other side of the fence. [28]/ ... side of the ... [11]/ ... the other side. [156]/ The grass is always greener. [414]	609
42	Variety is the spice of life.	607
43	Beauty is in the eye of the beholder.	602
44	Honesty is the best policy.	601
45	Strike while the iron is hot. [549]/ Strike when ... [23]/ Strike the iron while it is hot. [1]	573
46	A picture is worth a thousand words. [434]/A picture paints a thousand words. [137]	571
47	Finders keepers losers weepers. [23]/ Finders keepers. [535]	558
48	Where there's a will, there's a way.	554
49	Call a spade a spade.	548
50	Don't judge a book by its cover. [247]/ Do not judge ... [5]/ Never judge a book by its cover. [276]	528
51	Love is blind.	523
52	Once bitten, twice shy.	516
53	Kill two birds with one stone.	511
54	It is never too old to learn. [0]/ It's ... [1]/ Never too old to learn. [259]/ You're never too old to learn. [245]	505

55	Two blacks do not make a white. [0]/ ... don't make ... [1]/ Two wrongs do not make a right. [105]/ ... don't make a right. [379]	485
56	Every dog has his day. [156]/ ... has its day. [315]	471
57	Imitation is the sincerest form of flattery.	468
58	Do as I say, not as I do.	451
59	Tomorrow is another day.	436
60	Beggars can't be choosers. [368]/ Beggars cannot be ...[49]/ Beggars can not be ...[1]	418
61	Familiarity breeds contempt.	418
62	Leave well enough alone.	410
63	Make hay while the sun shines. [358]/ Make hay when ...[41]	399
64	Let sleeping dogs lie.	396
65	Dead men tell no tales.	390
66	Forewarned is forearmed.	390
67	Two wrongs don't make a right.	379
68	Deeds, not words.	377
69	Lightning never strikes the same place twice. [78]/ Lightning never strikes twice. [220]/ Lightning never strikes twice in the same place. [78]	376
70	Like a bolt from the blue.	373
71	No news is good news.	372
72	You reap what you sow.	357
73	Absence makes the heart grow fonder.	356
74	Might is right. [186]/ Might makes right. [167]	353
75	Blood is thicker than water.	350
76	An Englishman's house is his castle. [3]/ An Englishman's home is ... [231]/ A man's house is ... [18]/ A man's home is ... [96]	348
77	Truth is stranger than fiction. [288]/ Fact is ... [57]	345
78	Necessity is the mother of invention.	332
79	You cannot eat your cake and have it. [0]/ You can't eat ... [3]/ You can't eat ..., too. [2]/ You cannot have ... and eat it. [25]/ You can't have ... [228]/ You cannot have ... and eat it, too. [8]/ You can't have ... and eat it, too. [61]	327
80	Easy come, easy go.	323
81	All's fair in love and war. [186]/ All is fair ...[134]	320
82	Look before you leap.	319
83	Noblesse oblige.	304
84	Good things come in small packages	298

85	The end justifies the means.	292
86	People who live in glass houses should not throw stones. [15]/ ... shouldn't ... [32] / People in ... should not ... [28]/ People on ... shouldn't ... [212]/ People living in ... should not ... [1]/ People living in ... shouldn't ... [2]/ He who lives ... shouldn't ... [1]/ He who lives ... should not ... [0]/ One who lives ... should not ... [1]	292
87	The proof of the pudding is in the eating.	289
88	Misery loves company.	281
89	Two heads are better than one.	273
90	The best things in life are free.	272
91	Money does not grow on trees. [39]/ Money doesn't grow ... [231]	270
92	To err is human, to forgive divine. [45]/ To err is human, to forgive is divine. [16]/ To err is human. [208]	269
93	Do unto others as you would have them do unto you. [229]/ Do to others as you would have them do to you. [36]	265
94	When the going gets tough, the tough get going.	264
95	There is nothing new under the sun. [145]/ There's nothing new under the sun. [111]	256
96	Tomorrow never comes.	251
97	Money is the root of all evil.	238
98	Accidents will happen.	226
99	You can't judge a book by its cover. [222]/ You cannot judge ... [4]	226
100	An apple a day keeps the doctor away.	218
101	Beauty is only skin-deep. [215]/ Beauty is but skin-deep. [1]	216
102	Slow and steady wins the race. [192]/ Slow and sure ... [1]/ Slow but steady ... [6] /Slow but sure ... [6]	205
103	The road to hell is paved with good intentions.	199
104	Many hands make light work.	191
105	You have to take the good with the bad.	183
106	He who laughs last, laughs best. [9]/ ... laughs longest. [34]/ ... laughs loudest. [139]	182
107	Curiosity killed the cat.	178
108	It's better to be lucky than good. [140]/ It is better ...[37]	177
109	Possession is nine points of the law. [3]/ Possession is nine-tenths of the law. [173]	176
110	The pen is mightier than the sword.	176

111	One man's trash is another man's treasure.	175
112	There's more than one way to skin a cat. [98]/ There is more than one way to skin a cat. [76]/ Thre are ... [1]	175
113	All that glitters is not gold. [165]/ All is not gold that glitters. [3]	168
114	One swallow does not make a summer.	157
115	There is safety in numbers.	155
116	If at first you don't succeed, try, try, try again. [11]/ If ... succeed, try, try again. [140]/ If ... do not succeed, try, try again. [1]	152
117	There's no fool like an old fool. [119]/ There is no ...[31]	150
118	Don't put all your eggs in one basket. [113]/ Do not put ...[11]/ Never put ... [21]	145
119	Never look a gift horse in the mouth. [56]/ Don't look ... [86]/ Do not look ... [1]	143
120	The bigger they are, the harder they fall.	143
121	Too many cooks spoil the broth.	143
122	Nothing succeeds like success.	142
123	Rome was not built in a day. [132]/ Rome ... in one day. [10]	142
124	Children should be seen and not heard.	139
125	If you can't stand the heat, get out of the kitchen. [128]/ If you cannot stand ...[4]	132
126	Birds of a feather flock together.	130
127	It is no use crying over spilt milk. [5]/ It's ... [26]/ There is ... [5]/ There's ... [22]/ Don't cry over spilt milk. [24]/ Never ...[7]/ There's no point crying over spilt milk. [41]	130
128	Curses, like chickens, come home to roost. [0]/ Chickens come home to roost[125]	125
129	All work and no play makes Jack a dull boy. [55]/ All work and no play makes Jack a ... (and Jill a ...) [70]	125
130	The best things come in small packages.	124
131	A stitch in time saves nine.	121
132	Cleanliness is next to godliness.	119
133	God helps those who help themselves. [101]/ Heaven helps those who help themselves. [8]	109
134	Clothes make the man.	107
135	Early to bed and early to rise makes a man healthy, wealthy, and wise. [22]/ Early to bed and early to rise. [84]	106

136	Measure twice, cut once.	102
137	When in Rome, do as the Romans do.	102
138	The early bird catches the worm.	100
139	Discretion is the better part of valour. [67]/ Discretion is the better part of valor. [30]	97
140	Still waters run deep.	97
141	The squeaking wheel gets the oil. [0]/ The squeaky wheel ... [28]/ The squeaky wheel gets the grease. [66]	94
142	Jack of all trades, and master of none.	93
143	A penny saved is a penny earned. [89]/ gained [3]	92
144	Haste makes waste.	91
145	April showers bring forth May flowers [1]/ April showers bring May flowers. [86]/ March winds and April showers bring forth ... [1]	88
146	A little knowledge is a dangerous thing. [61]/ A little learning is ... [26]	87
147	Talk of the devil and he is sure to appear. [0]/ Speak of ... [0]/ Talk of the devil. [32] / Speak of the devil. [52]	84
148	Too many chiefs and not enough Indians. [78]/ Too many chiefs, not enough Indians. [6]	84
149	Two is company, three is none. [0]/ Two is company, three is a crowd. [2]/ Two's company, three's a crowd. [77]	79
150	A friend in need is a friend indeed.	78
151	A fool and his money are soon parted.	76
152	Don't bite off more than you can chew.	76
153	A bird in the hand is worth two in the bush.	72
154	One good turn deserves another.	71
155	You can lead a horse to water, but you can't make him drink. [17]/ ... make it ... [33]/ ... take ... him ... [3]/ ... take ... it. [17]	70
156	Keep your friends close and your enemies closer. [65]/ Keep your friends close, your enemies closer. [4]	69
157	The leopard cannot change his [its] spots. [0]/ A ... his spots. [6]/A ... its spots. [14]/ A ...can't ... his ...[6]/ A leopard can't ... its ... [43]	69
158	Walls have ears.	69
159	You cannot make a silk purse out of a sow's ear. [11]/ You can't make a silk purse out of a sow's ear. [58]	69
160	He who hesitates is lost.	67
161	Spare the rod and spoil the child.	67

162	One man's meat is another man's poison.	66
163	While there is life there is hope. [14]/ When ... [2]/ While there's ... there's ... [24]/ ... there's ... there is ... [24]/ ... there is ...there's ...[1]	65
164	Time and tide wait for no man. [57]/ ... wait for no one. [4]	61
165	Brevity is the soul of wit.	58
166	Youth will be served.	58
167	Don't bite the hand that feeds you.	57
168	Bad news travels fast.	53
169	Man does not live by bread alone. [32]/ Man doesn't ... [5]/ Man cannot ... [14]/ Man can't ... [1]	52
170	Do as you would be done by.	50
171	Hope for the best, but prepare for the worst.	49
172	Love makes the world go round.	49
173	Marry in haste, and repent at leisure. [9]/ Marry in haste, repent at leisure. [40]	49
174	One swallow does not a summer make. [47]/ One swallow doesn't ...[2]	49
175	More haste, less speed.	48
176	You scratch my back, I'll scratch yours. [45]/ ..., I will ...[1]	46
177	The voice of the people is the voice of God.	42
178	A thing of beauty is a joy for ever. [8]/ A thing of beauty is a joy forever. [31]	39
179	A rolling stone gathers no moss.	38
180	There is no honor among thieves. [7]/ There's no honor among thieves. [4]/ There is no honour ... [9]/ There's no honour ... [18]	38
181	Every man has his price.	36
182	A cat has nine lives.	34
183	Love me, love my dog.	34
184	The spirit is willing, but the flesh is weak.	34
185	Don't count your chickens before they are hatched. [9]/ Count not ... [0]/ Do not count ... [3]/ Don't count ... before they hatch. [20]	32
186	If the shoe fits, wear it.	31
187	A miss is as good as a mile.	28
188	Don't cut off your nose to spite your face. [26]/ Do not ...[2]	28
189	Fools rush in where angels fear to tread.	28
190	In unity there is strength.	28
191	As you sow, so shall you reap. [26]/ As you sow, so will you reap. [1]	27

192	If you want something done right, you have to do it yourself. [3]/ If you want something done right, do it yourself. [11]/ You can ... [13]	27
193	Better be safe than sorry.	26
194	Faint heart ne'er won fair lady. [3]/ ... never ... [23]	26
195	A chain is only as strong as its weakest link.	25
196	It takes all sorts to make a world. [17]/ It takes all kinds to make a world. [8]	25
197	Man proposes, God disposes.	25
198	The child is father of the man. [15]/ The child is the father of the man. [9]	24
199	Give the devil his due.	23
200	Self-praise is no recommendation.	23
201	The more you have, the more you want.	23
202	A watched pot never boils.	22
203	Don't put the cart before the horse. [20]/ Never put ...[2]	22
204	Fortune favors the bold.	22
205	Hide not your light under a bushel. [0]/ Don't hide ... [19]/ Don not hide ... [1]/ Never hide ... [2]	22
206	The apple never falls far from the tree.	22
207	You are only young once.	22
208	The first step is always the hardest	21
209	Half a loaf is better than no bread.	20
210	Hope springs eternal in the human breast.	20
211	You cannot get blood out of a stone. [1]/ You can't get blood out of a stone. [18]	19
212	Don't make a mountain out of a molehill.	18
213	Handsome is as handsome does.	18
214	Virtue is its own reward.	17
215	What is sauce for the goose is sauce for the gander.	17
216	Cowards die many times before their deaths.	14
217	Everyone has his taste. [0]/ ... has his own ...[2]/ ... has their own ...[12]	14
218	Where ignorance is bliss, 'tis folly to be wise.	14
219	A man is known by the company he keeps. [11]/ A person is known by the company he or she keeps. [2]	13
220	Give him an inch and he'll take a yard. [1]/ Give him an inch and he'll take a mile. [12]	13
221	Murder will out.	13

222	The race is not to the swift, nor the battle to the strong.	13
223	You cannot make an omelet without breaking eggs. [1]/ You can't make an omelet without breaking eggs. [12]	13
224	Courtesy costs nothing.	12
225	You cannot teach an old dog new tricks.	12
226	Enough is as good as a feast.	11
227	Forbidden fruit is sweetest. [0]/ ... is always ... [1]/ ... is the ... [3]/ ... is always the ... [6]/ ... is often the ...[1]	11
228	Silence gives consent.	11
229	It is never too late to mend. [1]/ It's never ... [9]	10
230	Set a thief to catch a thief.	10
231	There is honour among thieves. [4]/ There is honor ... [3]/ There's honour among thieves. [1]/ There's honor ... [2]	10
232	A bad workman always blames his tools. [5]/ A bad workman quarrels with his tools. [0]/ A poor workman always blames his tools. [1]/ A poor workman blames his tools. [2]/ A poor workman ...his (or her)...[1]	9
233	As well be hanged for a sheep as a lamb.	9
234	Wake not a sleeping lion. [0]/ Don't wake ... [9]	9
235	Cut your coat according to your cloth. [6]/ Cutting your coat according to your cloth. [2]	8
236	Well begun is half done.	8
237	A cat may look at a king.	7
238	Exchange is no robbery.	7
239	You never know what you can do till you try. [0]/ You never know what you can do until you try. [7]	7
240	A burnt child dreads the fire.	6
241	If wishes were horses, beggars would ride.	6
242	Never put off till tomorrow what you can do today. [5]/ Don't put off for tomorrow what you can do today. [1]	6
243	Health is better than wealth. [5]/ Health is above wealth. [0]	5
244	Hunger is the best sauce.	5
245	Little things please little minds.	5
246	Those who live in glass houses should not throw stones.	5
247	Dog does not eat dog. [2]/ Dog doesn't eat dog. [2]	4
248	Kill not the goose that lays the golden eggs. [1]/ Don't kill ... [3]	4
249	Money makes the mare go.	4

250	Necessity knows no law. [2]/ Necessity has no law. [2]	4
251	The first blow is half the battle.	4
252	Those whom the gods love die young.	4
253	When the cat is away, the mice will play.	4
254	When the wine's in, the wit's out. [1]/ When the wine is in, the wit is out. [3]	4
255	Care killed a cat.	3
256	Conscience does make cowards of us all.	3
257	Do not throw [cast] pearls before swine. [0]/ Don't throw pearls before swine. [0]/ Don't cast pearls before swine. [3]	3
258	Everything comes to him who waits.	3
259	Fine feathers make fine birds.	3
260	Nothing hurts like the truth.	3
261	There is no accounting for tastes. [1]/ There's no accounting for tastes. [2]	3
262	A drowning man will clutch at a straw. [1]/ ... will always ...[1]/ ... catch at ... [0]	2
263	Barking dogs seldom bite.	2
264	Better a live coward than a dead hero. [0]/ ... be a live coward than a dead hero. [2]	2
265	Don't teach your grandmother to suck eggs.	2
266	Don't tell tales out of school.	2
267	Everybody's business is nobody's business.	2
268	Hindsight is better than foresight.	2
269	It is a long lane that has no turning.	2
270	It is an ill wind that blows nobody good.	2
271	Manners make the man.	2
272	There is many a true word spoken in jest.	2
273	A man is as old as he feels, and a woman as old as she looks.	1
274	Coming events cast their shadows before.	1
275	Don't judge a man until you've walked in his boots. [0]/ Don't judge a man until you've walked in his shoes. [1]	1
276	In the kingdom of the blind, the one-eyed is king. [0]/ The one-eyed man is a king in the kingdom of the blind. [1]	1
277	Nothing venture, nothing gain. [0]/ Nothing venture, nothing gained [1]	1
278	Other times, other manners. [0]/ Other times and other manners. [1]	1
279	The rotten apple spoils the barrel [injures its neighbour].	1

280	The way to man's heart is through his stomach.	1
281	A bad penny always comes back.	0
282	A contented mind is a perpetual feast.	0
283	A flying crow catches something.	0
284	A friend who shares is a friend who cares.	0
285	A little pot is soon hot.	0
286	After a storm comes a calm.	0
287	After rain comes fair weather.	0
288	After the feast comes the reckoning.	0
289	All evil comes from the mouth.	0
290	As the old cock crows, so crows the young.	0
291	As you make your bed, so you must lie in it.	0
292	Better bend than break.	0
293	Between two stools you fall to the ground.	0
294	Birth is much, but breeding is more.	0
295	By doing nothing we learn to do ill.	0
296	Claw me, and I will claw thee.	0
297	Don't cross the bridge until you come to it.	0
298	Even a worm will turn.	0
299	Every bird likes its own nest the best.	0
300	Example is better than precept.	0
301	Fire and water may be good servants, but bad masters.	0
302	God made the country, and man made the town.	0
303	Good advice is harsh to the ear.	0
304	Good company on the road is the shortest cut.	0
305	Good medicine tastes bitter to the mouth.	0
306	Good wine needs no bush.	0
307	He laughs best who laughs last.	0
308	He that will steal a pin will steal an ox.	0
309	He that would the daughter win, must with the mother first begin.	0
310	Idle folk have the least leisure.	0
311	If there were no clouds, we should not enjoy the sun.	0
312	Ill news runs apace.	0
313	Ill weeds are sure to thrive.	0

314	It is too late to lock the stable when the horse has been stolen.	0
315	It will be all the same a hundred years hence.	0
316	Laugh and grow fat.	0
317	Misfortunes never come single.	0
318	None is so deaf as those who won't hear.	0
319	Of nothing comes nothing.	0
320	One cannot put back the clock.	0
321	Poverty breeds strife.	0
322	Storm makes oaks take deeper root.	0
323	The longest day must have an end.	0
324	The pitcher goes so often to the well that it is broken at last.	0
325	The pot called the kettle black.	0
326	There is none so blind as those who won't see.	0
327	Well fed, well bred.	0
328	What is worth doing [at all] is worth doing well.	0
329	You cannot make bricks without straw.	0
330	You must drink as you have brewed.	0
331	Youth will have its course.	0

3. 頻度の差とことわざの特徴

　上であげた頻度順のことわざの表を見て、最初に気づくことは、頻度の高いことわざは、ほとんどが、文が短いということである。それぞれのことわざの右側の ＜　＞ に入っているのが、頻度順を表している。

（a）2語のもの

　　Time flies. ＜ 7 ＞

（b）3語のもの

　　Never say die. ＜ 4 ＞

　　Practice makes perfect. ＜ 10 ＞

　　Every little helps. ＜ 15 ＞

　　Knowledge is power. ＜ 16 ＞

（ｃ）４語のもの

First come, first served. < 1 >

Easier said than done. < 2 >

Better late than never. < 5 >

No pain, no gain. < 13 >

Live and let live. < 14 >

Old habits die hard. < 18 >

Like father, like son. < 19 >

（ｄ）５語以上のもの

Actions speak louder than words. < 6 >

There's no place like home. < 8 >

If it ain't broke, don't fix it. < 9 >

Out of sight, out of mind. < 11 >

Art is long, life is short. < 17 >

All's well that ends well. < 23 >

このように、ことわざは短い方が覚えやすく使いやすいという側面があり、使われる度合いが高まるのかもしれない。

反対に、頻度が低いことわざを見て行くと、相手の行動を諌める否定的なことわざは頻度が低いということも言えそうである。つまり、否定命令文で表す内容のことわざ、例えば、Never で始まることわざや Don't で始まることわざは概して頻度が低いと考えられるのである。まず、Never で始まることわざを表の中からあげると、次の３つになる。

Never say die. < 4 >

Never look a gift horse in the mouth. < 119 >

Never put off till tomorrow what you can do today. < 242 >

この３つのことわざで、Never say die. が上の考え方に反して、４位で頻度が高い。他の２つは予想通りだと言える。では、なぜ Never say die. だけが頻度が高いのだろうか。このことわざは相手の行動を諫める否定的な命令文の形を取っているが、内容的には「諦めるな」や「頑張れ」と相手を励ます内容になっているからだと思われる。

　次に、Don't で始まる否定命令文が使われていることわざを見て行くと、やはり、概して頻度が低いと考えていいであろう。

Don't

Don't judge a book by its cover. < 50 >

Don't put all your eggs in one basket. < 118 >

Don't bite off more than you can chew. < 152 >

Don't bite the hand that feeds you. < 167 >

Don't count your chickens before they are hatched. < 185 >

Don't cut off your nose to spite your face. < 188 >

Don't put the cart before the horse. < 203 >

Hide not [Don't hide] your light under a bushel. < 205 >

Don't make a mountain out of a molehill. < 212 >

Wake not [Don't wake] a sleeping lion. < 234 >

Kill not [Don't] the goose that lays the golden eggs. < 248 >

Do not throw [cast] pearls before swine. < 257 >

Don't teach your grandmother to suck eggs. < 265 >

Don't tell tales out of school. < 266 >

Don't judge a man until you've walked in his boots. < 275 >

Don't cross the bridge until you come to it. < 297 >

4．ことわざの頻度表

　上のように、331のことわざの頻度の表を提示したわけだが、この表を作成

するのに時間がかかり、この結果についての考察はほとんどできていない。し
かしながら、当初の目的である英語母語話者が現在よく使っていることわざの
実態が数値化されて、それを客観的に示すことができた。この表をどう活用す
るかはこれからの課題であるが、まず、英語教育に活用できるであろう。英語
母語話者が誰でも知っていて、頻繁に使うということわざを英語教育では学習
者に学ばせることが重要になってくるのではないだろうか。例えば、使用頻度
が高い次のようなことわざは、高等学校でも教えておくべきではないだろうか。

First come, first served. < 1 >
Never say die. < 4 >
Actions speak louder than words. < 6 >
If it ain't broke, don't fix it. < 9 >
Live and let live. < 14 >
Every little helps. < 15 >
Old habits die hard. < 18 >

5．まとめ

　ことわざの頻度表を作成するのに、今回はコーパスではなく、新聞記事の
データベースを使用した。ある程度の使用数があり、英語のことわざ使用の現
状が見え、実態が明らかになったと思われる。

　しかし、問題ないわけではない。頻度と言っていながら、数字は実際に使わ
れている数ではなく、ことわざが使われている記事の数であることだ。1つの
記事の中に何度も使われていても、1回としてカウントしてあるのである。

　また、第5章の「ことわざ表現の英米差」で示したことわざの使用数と、こ
こで示した表の数に差異が見られることも、了解していただきたい。ここで示
した表を最後に作成したのであるが、新聞記事のデータベースは次々と新しい
記事が追加されるためである。英米の差を見るときに、一つずつの記事の掲載
されている新聞紙名から発行している国を調べ、それをカウントし英米の違い

を調べたので、使用数の多いことわざに関しては、膨大な時間がかかるため、比較し直す時間がなかったためである。しかしながら、大体の使用の傾向などはきちんと摑めたと思われるので、この表を活用していただきたい。

参考文献

秋本弘介（2000）『新版 英語のことわざ』創元社.

Clalre, Elizabeth (1998) *Dangerous English!* Delta Publishing Company.

Collis, Harry (1992) *101 American English Proverbs.* NTC/Contemporary Publishing Group.

Farb, Peter (1973) *Word Play: What happens when people talk.* Bantam.

Kerschen, Lois (1998) *American Proverbs about Women: A Reference Guide.* Greenwood Press.

北村孝一、武田勝昭（編）（1997）『英語常用ことわざ辞典』東京堂出版.

Lieber, M.D. (1984). Analogic ambiguity: A paradox of proverb usage. *Journal of American Folklore*, 97, 423-441.

Maggio, Rosalie (1991) *The Dictionary of Bias-Free Usage: A Guide to Nandiscriminatory Language.* Oryx Press.

Mieder, Wolfgang, Stewart A. Kingsbury, and Kelsie B. Harder (eds.) (1996) *A Dictionary of American Proverbs.* Oxford University Press.

Moller, Dan (2016) "Dilemmas of Political Correctness." in *Journal of Practical Ethics.* Volume 4, 1-22.

Moon, Rosamund (1998) *Fixed Expressions and Idioms in English: A Corpus-Based Approach.* Oxford.

長井氏聂（編）伊藤健三（改訂）（1987）『英語ニューハンドブック』第4版　研究社出版.

奥田隆一（2016）『英語教育に生かす英語語法学』関西大学出版部.

奥津文夫（1978）『英語のことわざ』サイマル出版会.

奥津文夫（1989）『ことわざの英語』講談社現代新書.

奥津文夫（2000）『日英ことわざの比較文化』大修館書店.

Pauwels, Anne (2003) 'Linguistic Sexism and Feminist Linguistic Activism'. In: Holmes, Janet and Meyerhoff, Miriam, (eds.), *The Handbook of Language and Gender.* Oxford: Basil Blackwell, pp 550-570.

Ronald Ridout, Clifford Witting, *English Proverbs Explained.* Pan Piper.

Smith, William G. (ed.) (1935) *The Oxford Dictionary of English Proverbs.* Clarendon Press.

Speake, Jennifer (2015[6]) *Oxford Dictionary of Proverbs.* Sixth Edition. Oxford University Press.

Strauss, Emanuel (1994) *Dictionary of European Proverbs*. Routledge.

鈴木孝夫（1973）『ことばと文化』岩波書店.

武田勝昭（1992a）『ことわざのレトリック』東京：海鳴社.

武田勝昭（2002）『ことわざの秘密』アリス館.

Warren, Virginia (1986) "Guidelines for Non-Sexist Use of Language" in *Proceedings and Addresses of the American Philosophical Association*. Vol. 59, No. 3, pp. 471-484.

柳田國男（1976）『なぞとことわざ』講談社学術文庫.

矢野文雄（1980）『知っておきたい英語の諺』三友社.

矢野文雄（1982）『知っておきたい英語の諺 Part2』三友社.

山田雅重（2017）『日英ことわざ文化事典』丸善出版.

山本忠尚（監修）（2007）『新版 日英比較ことわざ事典』創元社.

Yusuf, Yisa K. (1997) "TO PROPOSE IS HUMAN: ELIMINATING SEXIST LANGUAGE FROM ENGLISH PROVERBS", *Studia Anglica Posnaniensia* XXXII. pp.169-178.

あ と が き

　この本の企画を立てたのが3年前になるのだが、途中まで書いて挫折し、再度気を取り直して書き、さらに壁にぶつかり筆が止まり、ようやく方向性が見つかり、何とか形にできると踏ん張った末にこの本の構成が何とか見え始め、最後まで苦しんで原稿を書き続けたのである（各章の長さの不揃いなところが、それを物語っているが、お許しいただきたい）。その間、関西大学出版部には多大な迷惑をおかけして、出版が1年伸びてしまったことは本当に申し訳なく、ただただ感謝の一言である。特に、担当の樫葉修さんには、ご迷惑をおかけ致しました。原稿の遅れを気長に待っていただいただけでなく、原稿の細部にわたるチェックやアドバイスをいただき、何とか出版まで漕ぎ着けることができました。本当にありがとうございました。

　この本を書き終わって、思うことは、まだまだことわざの本質には迫れていないが、新聞記事のデータベースを使うことにより、現代英語でのことわざの使用頻度と使用実態がかなり明らかになったと思われる。特に変異形の頻度などにも触れることができたのは新しい試みだったと思う。しかし、本書の特徴はこれだけだったかもしれない。ただ単なる例を集めて、それを分類し解説を加えただけのものであるから。

　ことわざ研究の素人である私が、ことわざ研究の膨大な論文をほとんど読まずに、ただ必死でことわざの例を集め、今まで自分が学んできた英語語法の分析方法や知識を基礎に何とか本の形にしたのは、今現在、本当にどのことわざとその異形態が一般的に使われているのかを知りたいという強い思いだけである。本書がきっかけで、今までと違う観点からことわざの用法を見直したりするような研究者が増えてくれることを切に期待したい。

奥田隆一

索 引

【ことわざ索引】

186

■著者紹介

奥田隆一（おくだ・たかいち）

1952年 大阪府堺市生まれ。1979年 神戸市外国語大学大学院修士課程修了。1980年～1999年 近畿大学教養部助手・講師・助教授。1990年～1991年 ハーバード大学言語学科客員研究員。1999年～2008年 和歌山大学教育学部教授。2008年～2009年 関西大学外国語教育研究機構教授。2013年 北アリゾナ大学客員研究員。2009年～現在 関西大学外国語学部教授。日本英語コミュニケーション学会理事、日本英語表現学会理事。

著書：『英語語法学の展開』（関西大学出版部）、『英語教育に生かす英語語法学』（関西大学出版部）、『英語語法学をめざして』（関西大学出版部）＜日本英語コミュニケーション学会賞・学術賞受賞＞、『英語観察学』（鷹書房弓プレス）辞書（分担執筆）：『英語基本動詞辞典』、『英語基本形容詞・副詞辞典』、『英語基本名詞辞典』（以上、研究社出版）、『ランダムハウス英和大辞典（第2版）』（小学館）翻訳（共訳）：ＮＤ・タートン『ロングマン英語正誤辞典』（金星堂）

英語ことわざ使用の実態
On the use of English Proverbs Today

2020年12月7日　発行

著　者	奥　田　隆　一	
発行所	関　西　大　学　出　版　部	
	〒564-8680 大阪府吹田市山手町3-3-35	
	電話 06(6368)1121 ／ FAX 06(6389)5162	
印刷所	株式会社 図書印刷 同　朋　舎	
	〒604-8457 京都市中京区西ノ京馬代町6-16	

© 2020 Takaichi OKUDA　　　　Printed in Japan

ISBN 978-4-87354-727-5　C3082　　落丁・乱丁はお取替えいたします。